# SGÎL!

## Meinir Ebbsworth

caa
*Prifysgol Cymru Aberystwyth*

ⓗ Awdurdod Cymwysterau, Cwricwlwm ac Asesu Cymru 2005 ©
Mae hawlfraint ar y deunyddiau hyn ac ni ellir eu hatgynhyrchu na'u cyhoeddi heb ganiatâd perchennog yr hawlfraint.

Cyhoeddwyd gan y Ganolfan Astudiaethau Addysg, Aberystwyth, gyda chymorth ariannol Awdurdod Cymwysterau, Cwricwlwm ac Asesu Cymru.
Gwefan: www.caa.aber.ac.uk

ISBN  1 84521 020 4

Awdur: *Meinir Ebbsworth*
Golygwyd gan: *Fflur Pughe*
Dyluniwyd gan: *Richard Pritchard*
Argraffwyd gan: DWJ Colour Print (☎ 01639 883228)

Diolch i: *Mary Griffiths, Ruth Davies, Carys Powell, Flo Roberts, Siân Williams* a *Carwyn Williams* am eu harweiniad gwerthfawr.

# Cydnabyddiaethau

Mae'r cyhoeddwyr yn ddiolchgar i'r canlynol am ganiatâd i atgynhyrchu deunyddiau:

Zohrah Evans – tud.25
T. Llew Jones – tud.51
Canolfan Mileniwm Cymru – tud.34-36
Urdd Gobaith Cymru – tud.36, 39
Glyn a Menna Heulyn, Gwesty'r Harbwr, Aberaeron – tud.28
RNLI – tud.77
Richard Huw Pritchard – tud.44, 49, 51, 64, 66, 84, 87
Dave Newbould – tud.67, 68
Enfys Beynon Jenkins – tud.59, 60
Parc Cenedlaethol Eryri – tud.64
Trioni Ltd. – tud.31
Ken Jones (Ras yr Wyddfa) – tud.71
Gordon Green (*Green Events Ltd.*) – tud.20

Mae'r cyhoeddwyr wedi gwneud pob ymgais i gysylltu â'r deiliaid hawlfraint ond ymddiheurwn os oes unrhyw un wedi'i adael allan.

Roedd cyfeiriadau'r gwefannau yn gywir adeg cyhoeddi.

# Uned 1 – YNYSOEDD

Yn yr uned hon byddwch chi'n:

- Ysgrifennu e-bost
- Creu cerdd
- Ysgrifennu dyddiadur

- Defnyddio ansoddeiriau
- Defnyddio'r negyddol
- Defnyddio berfau'r gorffennol

Yn ystod yr uned hon byddwch chi'n dod ar draws y geiriau hyn. Gallwch ddefnyddio'r rhestr hon fel geiriadur yn ystod yr uned.

| | |
|---|---|
| arwerthwr tai – un sy'n gwerthu tai | planhigion – mwy nag un planhigyn |
| creigiog – llawer o greigiau | pur – glân iawn |
| croyw – clir iawn | rhaeadr – *waterfall* |
| cysgodol – ddim yn cael llawer o haul | rhyfeddod – rhywbeth sy'n denu sylw |
| Dwyrain Canol – gwledydd, edrychwch ar fap i weld! | synhwyrau – gweld, clywed, blasu, cyffwrdd a theimlo |
| gofod – *space* | torheulo – gorwedd yn yr haul poeth |
| gwastad – heb fynyddoedd | trydar – adar yn canu |
| odli – dau air sy'n gorffen yn debyg | ymwelwyr – pobl sy'n dewis mynd i rywle |
| palmwydd (coed) – coed arbennig, *palm trees* | ynysoedd – mwy nag un ynys |

t. 2-7

**LLAFAR**

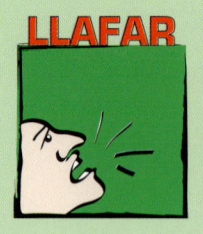

Rydyn ni'n mynd i sôn am ynysoedd yn yr uned hon.

- Beth ydy ynys?
- Ydych chi erioed wedi bod ar ynys? Ble?
- Sut fath o le oedd yno?

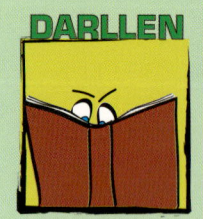

**DARLLEN**

Darllenwch yr hysbyseb yma.

# AR WERTH

## Ynys yn y Bahamas.

## Pris: $2.85 miliwn

Mae'r ynys yn ardderchog. Mae'r traeth yn dywod melyn braf. Mae'r môr yn las, yn glir ac yn gynnes. Does neb arall yn byw ar yr ynys. Mae tŷ crand yno gyda saith ystafell wely, campfa, pwll nofio a sawna. Mae'r ardd yn enfawr ac mae digon o blanhigion a blodau lliwgar yno. Mae garej yno sy'n ddigon mawr i gadw naw car. Mae tŷ haf yn yr ardd lle byddai ymwelwyr yn medru aros.

Am fwy o fanylion cysylltwch â Tomos a Davies, Stryd y Llew, Llaniorwerth.

Beth ydy'r ateb cywir?

Mae'r ynys yn
- Y Bahamas ☐
- Y Caribî ☐
- Yr Alban ☐

Mae'r ynys
- yn hyfryd ☐
- yn wych ☐
- yn ardderchog ☐

Ar y traeth mae
- tywod melyn ☐
- creigiau serth ☐
- cerrig mân ☐

Mae'r môr
- yn gynnes ☐
- yn oer ☐
- yn boeth ☐

Sawl ystafell wely sy'n y tŷ?
- naw ☐
- wyth ☐
- saith ☐

Mae'r ardd yn llawn
- coed a blodau ☐
- ffrwythau a phlanhigion ☐
- planhigion a blodau ☐

Dychmygwch eich bod chi am brynu ynys rhywle yn y byd.

Ysgrifennwch e-bost at yr arwerthwr tai yn dweud pa fath o ynys rydych chi eisiau ei phrynu.

---

NEGES E-BOST

At Sylw:
Oddi Wrth:
Pwnc:

_____
_____
_____
_____
_____

---

Gallwch ddechrau rhai o'r brawddegau fel hyn.

- Rydw i eisiau prynu ynys yn ...

- Mae rhaid bod ..... a ..... ar yr ynys.

- Hoffwn i gael ....

- Rydw i eisiau talu tua ...

- Byddwn i wrth fy modd yn cael ...

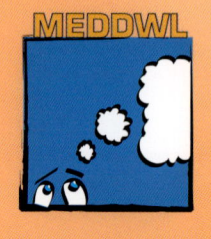

Meddyliwch pa fath o bethau sydd eu hangen ar yr ynys.

Gallwch roi geiriau ar ôl y pethau hyn i'w disgrifio'n well.

Bydd yr arwerthwr tai yn gwybod yn union wedyn am y math o ynys rydych chi eisiau ei phrynu.

| traeth | tawel, hyfryd |
| --- | --- |
| tywod | melyn, glân |
| môr | clir, glas |
| arfordir | prydferth, creigiog |
| cwrs golff | anodd, gwastad |
| coed palmwydd | tal, cysgodol |
| rhaeadr | clir, croyw |
| llyn | dwfn, cynnes |

Beth am feddwl am eiriau i ddisgrifio'r pethau yma:

| Peth ar yr ynys | Gair i'w ddisgrifio |
| --- | --- |
| cnau coco | |
| pysgod | |
| adar | |
| blodau | |
| dŵr | |
| awyr | |
| haul | |

Mae term arbennig am eiriau sy'n disgrifio pethau.

t. 8-9

Rydyn ni'n galw'r geiriau hyn yn ANSODDEIRIAU.

**LLAFAR**

Meddyliwch eich bod ar eich ynys newydd.

Defnyddiwch eich synhwyrau.

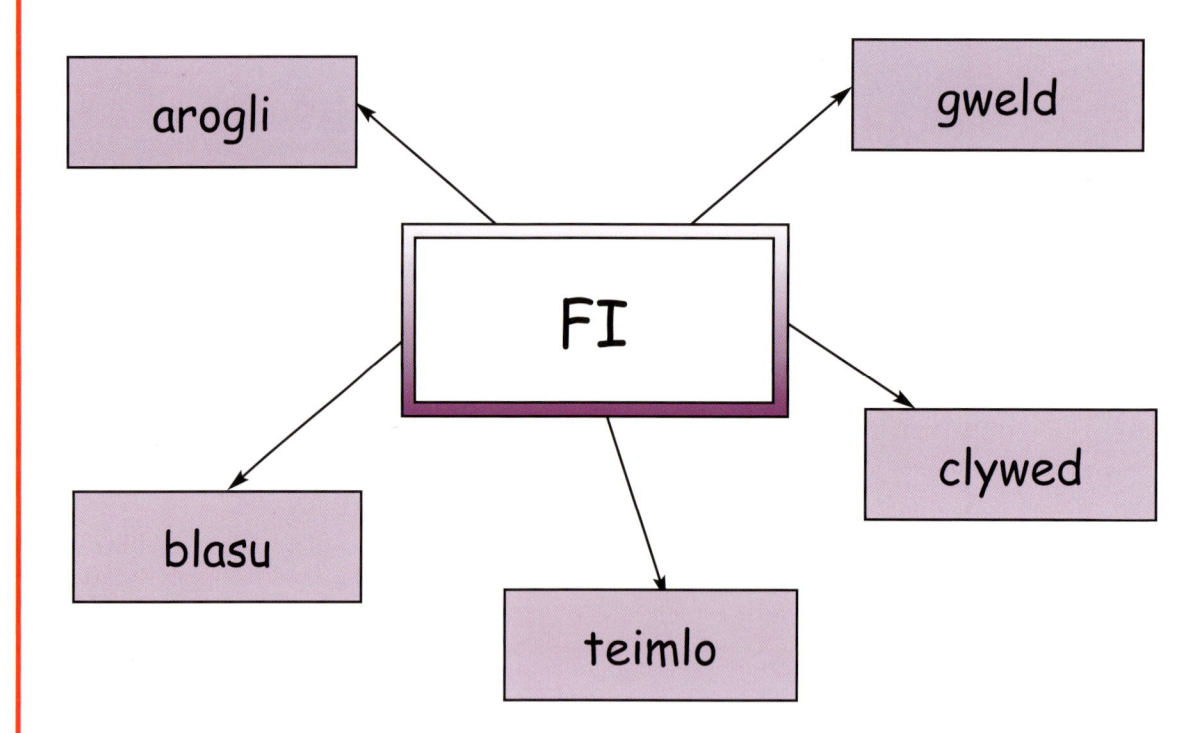

```
    arogli                    gweld
         ↖              ↗
           ┌─────────┐
           │   FI    │
           └─────────┘
         ↙      ↓      ↘
    blasu    teimlo    clywed
```

**YSGRIFENNU**

Gwnewch frawddegau'n dechrau fel hyn:

- Ar fy ynys i rydw i'n gallu gweld _____
- Ar fy ynys i rydw i'n gallu clywed _____
- Ar fy ynys i rydw i'n gallu teimlo _____
- Ar fy ynys i rydw i'n gallu blasu _____
- Ar fy ynys i rydw i'n gallu arogli _____

Beth **dydych chi ddim** yn medru ei wneud ar yr ynys?

- Ar fy ynys **dydw i ddim** yn gallu gweld yr ysgol
- Ar fy ynys **dydw i ddim** yn gallu clywed _____
- Ar fy ynys **dydw i ddim** yn gallu teimlo _____
- Ar fy ynys **dydw i ddim** yn gallu arogli _____
- Ar fy ynys **dydw i ddim** yn gallu blasu _____

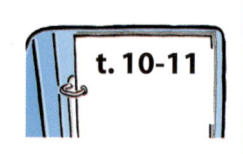

t. 10-11

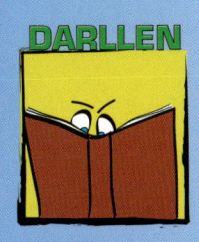

**Darllenwch y gerdd yma am berson sydd eisiau dianc i fyw ar ynys.**

## FY YNYS I

Pe bawn i'n ennill y loteri
Dyma'r hyn a wnawn,
Prynu ynys yn y Caribî
A mwynhau'r lle yn llawn.

Hoffwn brynu ynys fach,
Un llonydd a thawel iawn.
Byddwn yn nofio yn y bore
A thorheulo yn y prynhawn.

Bydd y traeth yn felyn fel aur
A'r awyr yn ddisglair a chlir
Bydd yr adar yn trydar uwchben
A'r môr yn gynnes a phur.

Dydw i ddim wedi ennill y loteri.
Dyna drueni mawr!
Bydd rhaid cadw i freuddwydio
A byw'n y tŷ sy gen i nawr!

Gyda phartner dewch o hyd i bob gair sy'n odli ymhob pennill. Allwch chi ddod o hyd i eiriau sy'n odli gyda'r geiriau yma?

| llawr |
|---|
| fi |
| prynu |
| ymlacio |
| ffrind |

**DARLLEN**

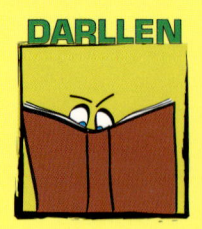

Edrychwch ar y gerdd yma.

Mae rhai geiriau ar goll. Beth ydyn nhw? Dewiswch o'r rhestr sydd ar waelod y dudalen.

### FY NGWYLIAU

Rydw i'n mynd ar fy ngwyliau _____
I ynys ym mhen draw'r _____
Rydw i'n edrych ymlaen at y _____
A gweld y cyfan i _____

Rydw i'n mynd i fwynhau fy _____
Ac ymlacio ar y _____
Dydw i ddim yn mynd i fod yn _____
Na hiraethu am adre _____

| yfory | flin | gwesty | traeth |
| chwaith | byd | gyd | hun |

Hiraethu ydy teimlo'n drist am fod rhywun neu rywbeth yn bell i ffwrdd. Ysgrifennwch frawddeg yn sôn am rywun neu rywbeth rydych chi'n hiraethu amdano.

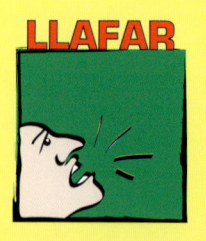

**LLAFAR**

Ydych chi wedi hiraethu am rywbeth erioed?
Sut oeddech chi'n teimlo?

**YSGRIFENNU**

Ewch ati i greu cerdd eich hun am eich ynys.

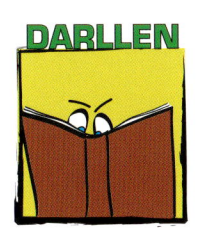

## YNYSOEDD Y PALMWYDD

Mae ynysoedd arbennig iawn yn cael eu hadeiladu yn Dubai er 2001. Mae Dubai yn y Dwyrain Canol. Dyn sydd wedi gwneud yr ynysoedd ar gyfer ymwelwyr. Enw'r ynysoedd ydy Ynysoedd y Palmwydd. Mae tair ynys i gyd. Un ydy Jebel Ali sydd yn llawn o bethau i'w gwneud. Yr ail ydy Jumeirah sydd yn lle ar gyfer ymlacio. Mae'r drydedd ynys, Deira, yn fwy na'r ddwy arall ac yn cynnig llawer o bethau gwahanol fel marina, siopau, cyfleusterau chwaraeon a chlybiau nos. Mae'r cwmni sydd wedi creu'r ynysoedd yn eu galw yn "wythfed rhyfeddod y byd".

Mae dros gan cilomedr o draeth ar yr ynysoedd a lle i filoedd o dai a llawer gwesty. Mae rhai o'r tai wedi cael eu hadeiladu ar bolion yn y môr. Yn ôl pob sôn rydych chi'n gallu gweld Ynysoedd y Palmwydd o'r gofod. Mae nifer fawr o bobl enwog wedi prynu tai ar yr ynysoedd ar gyfer dod ar eu gwyliau. Mae tai yn ddrud iawn yno!

Mae chwech marina ar ynys Jebel Ali a bydd y bobl sydd yn berchen tai yno yn medru cadw eu llong wrth ymyl y tŷ. Mae parc thema anferth ar yr ynys lle y gall pawb fynd i fwynhau eu hunain. Yn ogystal, mae yno gaffis a siopau drud. Gall yr ymwelwyr wneud pob math o chwaraeon dŵr fel snorclo a chael cyfle hefyd i nofio gyda dolffiniaid.

Hoffech chi fynd ar eich gwyliau i Ynysoedd y Palmwydd?

Dywedwch wrth eich partner pam hoffech chi fynd ar eich gwyliau i Ynysoedd y Palmwydd.
- Pam hoffech chi fynd yno?
- Beth hoffech chi ei wneud?
- Gyda phwy hoffech chi fynd a pham?

## YSGRIFENNU

Rydych chi'n mynd ar eich gwyliau i Ynysoedd y Palmwydd. Ysgrifennwch ddyddiadur am yr hyn rydych chi wedi ei wneud ar eich gwyliau.
Soniwch am ddau ddiwrnod gwahanol.

- Sut mae ysgrifennu dyddiadur?

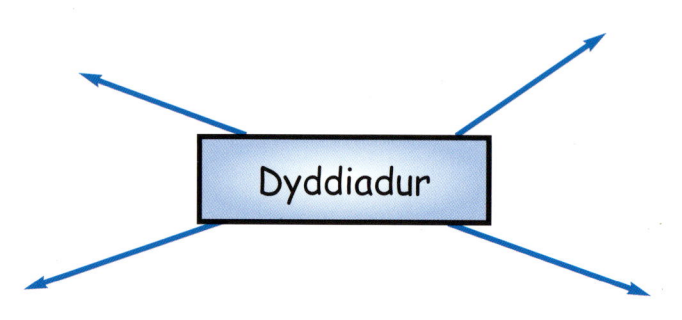

**Dyddiadur**

- Am beth mae angen sôn?

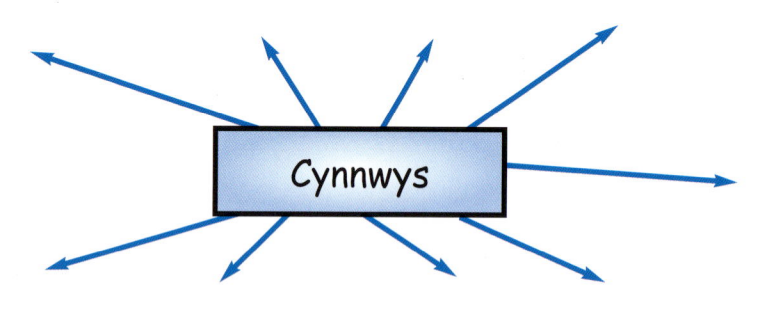

**Cynnwys**

- Sut ydych chi'n mynd i ddechrau brawddegau?

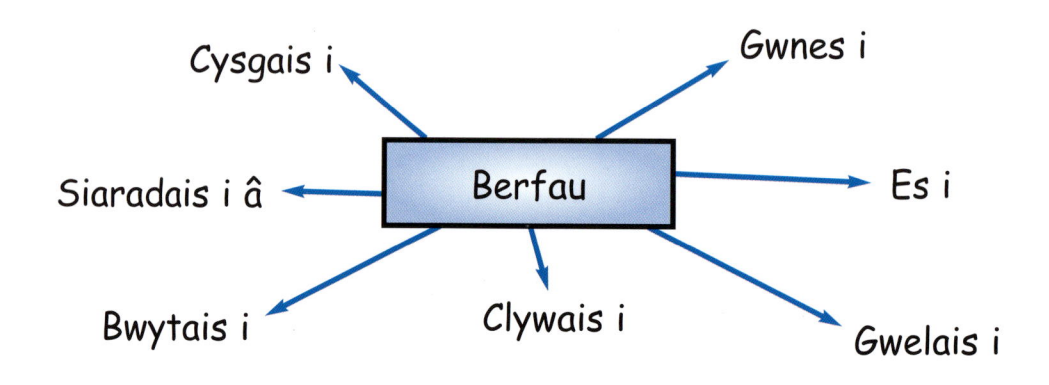

**Berfau**
- Cysgais i
- Gwnes i
- Siaradais i â
- Es i
- Bwytais i
- Clywais i
- Gwelais i

t. 12-15

# Uned 2 – CHWARAEON

Yn yr uned hon byddwch chi'n:

- Darllen ac ateb cwestiynau
- Chwarae rôl
- Ysgrifennu cerdyn post

- Defnyddio iaith perswadio
- Defnyddio'r negyddol
- Atgoffa'ch hun o reolau atalnodi

Yn ystod yr uned byddwch yn dod ar draws y geiriau hyn. Gallwch ddefnyddio'r rhestr hon fel geiriadur yn ystod yr uned.

arafu – mynd yn llai cyflym
camerâu cyflymder – *speed cameras*
Canolbarth Cymru – canol Cymru, rhwng y gogledd a'r de
cors – darn gwlyb iawn o dir
cymal – rhan o gystadleuaeth, *leg*
gwau – *knitting*
gweithgareddau – llawer o bethau i'w gwneud, *activities*
hyd – pa mor hir yw rhywbeth, *length*
hyfforddwr – un sy'n dysgu tîm, *coach*
llithrig – mae'n hawdd cwympo arno, *slippery*

noddi – rhoi arian tuag at rywbeth, *sponsor*
perswadio – ceisio cael rhywun i gytuno â chi
peryglus – ddim yn ddiogel, *dangerous*
siwrnai – taith
ymarfer – gwneud yn gyson, *practise*
yn ddrud – yn costio llawer o arian, *expensive*
yn flasus – yn blasu'n dda, *tasty*
yn groes – yn wahanol, *opposite*
yn gyfforddus – yn teimlo'n braf, *comfortable*

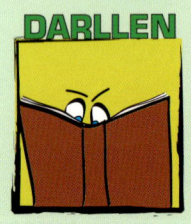

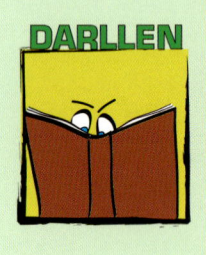

**LLAFAR**
- Ydych chi wedi bod mewn tîm?
- Pwy ydy eich hoff dîm?
- Ydych chi'n hoffi chwarae mewn tîm? Pam?

**DARLLEN**

Beth sydd gan hyfforddwr tîm y Mellt i'w ddweud cyn y gêm?

> Pawb yn gwrando? Rydw i eisiau i chi fynd allan ar y cae a dangos i Caergof United mai ni ydy'r gorau. Ni sydd yn mynd i ennill y cwpan eleni. Rydyn ni wedi ymarfer yn galed. Rydyn ni eisiau i ti neidio yn uchel yn y gôl, Gwyn. Cest ti gêm dda iawn ddydd Sadwrn diwethaf. Reit, allan â chi! Y Mellt sydd yn mynd i ennill y cwpan. Bydd y cwpan yn edrych yn grêt yn neuadd yr ysgol.

**DARLLEN**

Darllenwch y testun a rhowch gylch o amgylch yr ateb cywir

1. Pwy ydy'r bobl sy'n gwrando ar yr hyfforddwr?
   a) pobl sy'n chwarae tennis
   b) tîm pêl-droed
   c) tîm pêl-rwyd

2. Mae'r person sy'n siarad:
   a) yn bêl-droediwr
   b) yn chwarae yn y gôl
   c) yn edrych ar ôl y tîm

3. Mae Gwyn yn chwarae:
   a) i Gaergof United
   b) i'r Mellt
   c) i dîm yr ysgol

4. Maen nhw:
   a) yn yr ystafelloedd newid
   b) yn neuadd yr ysgol
   c) ar y bws

5. Mae'r bobl sydd yn chwarae pêl-droed:
   a) yn ddisgyblion ysgol
   b) yn bobl sydd yn chwarae yn broffesiynol
   c) yn bobl mewn oed

**YSGRIFENNU**

Atebwch y cwestiynau hyn.

- Ydych chi'n hoffi pêl-droed? Gallwch ddechrau â
  Rydw i'n ......................... neu Dydw i ddim yn .........................

- Beth ydych chi'n ei wneud ar fore Sadwrn?

- Mewn brawddeg lawn, dywedwch pa gêm rydych chi'n hoffi ei gwylio fwyaf ar y teledu?

t. 2-4

**LLAFAR**

- Mewn parau, trafodwch y math o bethau y byddech chi'n hoffi eu gweld yn cael eu dysgu yn yr ysgol.

- Gall y rhain fod yn chwaraeon neu'n weithgareddau fel pysgota, gwau, trin ceir, weldio.

t. 5

- Fe fydd un ohonoch yn cymryd rhan y prifathro â bydd y llall yn cymryd rhan disgybl sydd eisiau gweld rhywbeth newydd yn digwydd yn yr ysgol. Mae eisiau i'r disgybl berswadio'r prifathro i osod gwersi newydd ar yr amserlen.

- Bydd angen i'r disgybl ddefnyddio iaith arbennig er mwyn perswadio. Allwch chi feddwl am eiriau sy'n perswadio?

UNED 2 • CHWARAEON

**DARLLEN**

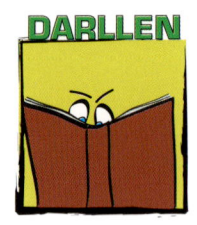

Darllenwch gerdyn post Manon at ei mam.

*Helo Mam*

*Fe gyrhaeddon ni'r Alpau am 8.00 bore ddoe. Doedd y siwrnai ar y bws ddim yn neis iawn. Roedd hi'n rhy hir.*

*Mae llawer o eira yn y pentref sgio a digon ar y mynydd hefyd. Mae'n od iawn gwisgo'r esgidiau trwm i sgio. Rydw i wedi cwympo llawer o weithiau. Mae'r hyfforddwr yn neis iawn. Dydy e ddim yn chwerthin am fy mhen.*

*Mae'r bwyd yn y gwesty yn neis iawn ond ddim cystal â'ch bwyd chi!*

*Manon*

Mrs Eira Jones
Gwalia
Stryd Derlwyn
Llanglydach
Aberderyn

**LLAFAR**

- Ydych chi wedi bod yn sgio?
- Ydych chi'n adnabod rhywun sydd wedi bod yn sgio?

**YSGRIFENNU**

Mae Manon yn defnyddio 'neis' dair gwaith yn ei cherdyn post.

1. Edrychwch ar y 'neis' cyntaf.

    Dewiswch y gair gorau i'w roi yn lle 'neis'.

    a) yn gyfforddus

    b) yn uchel

    c) yn beryglus

2. Edrychwch ar yr ail 'neis'.

    Dewiswch y gair gorau i'w roi yn lle 'neis'.

    a) yn flasus

    b) yn garedig

    c) yn uchel

3. Edrychwch ar y trydydd 'neis'.

    Dewiswch y gair gorau i'w roi yn lle 'neis'.

    a) yn flasus

    b) yn gas

    c) yn araf

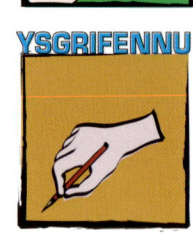

**YSGRIFENNU**

Trowch y brawddegau hyn i ddweud rhywbeth sydd yn groes i'r ystyr. Mae un sgïwr yn anghytuno â'r llall.

Roedd y daith yn hir ⟶ Doedd y daith ddim yn hir

1. Roedd y bws yn swnllyd

..................................................

2. Roedd yr esgidiau sgio yn drwm

..................................................

3. Roedd y gwesty yn fawr

..................................................

4. Roedd y bwyd yn flasus

..................................................

5. Roedd y tocyn sgio yn ddrud

..................................................

t. 6

**YSGRIFENNU**

Y tro hwn chwiliwch am air croes yn y bocs ar waelod y dudalen. Newidiwch yr ansoddair (y gair sy'n disgrifio).

Roedd y bws yn swnllyd ⟶ Roedd y bws yn dawel

1. Roedd y bws yn gyflym

..................................................

2. Roedd yr esgidiau sgio yn drwm

..................................................

3. Roedd y gwesty yn fawr

..................................................

4. Roedd y bwyd yn flasus

..................................................

5. Roedd yr eira yn galed

..................................................

t. 7

yn feddal    yn ddiflas    yn fach    yn ysgafn    yn araf

**YSGRIFENNU**

Ysgrifennwch gerdyn post o le arbennig.
Gall fod o'r wlad hon neu o unrhyw le yn y byd.

t. 8

UNED 2 • CHWARAEON

**DARLLEN**

Dyma nodiadau mewn llyfr a wnaeth rhywun wrth wylio'r rali. Bydd y person yma yn ysgrifennu adroddiad i'r papur lleol ar ôl mynd adref.

| | |
|---|---|
| **Rali Canolbarth Cymru –** yn fforest Blaennant | Y prynhawn yma roedd tua 250 wedi dod i fforest Blaennant i weld Rali Canolbarth Cymru. |
| Tywydd yn wyntog ac yn oer. Tua 250 o bobl wedi dod i weld. | |
| Tua 20 o geir. Y ffordd yn llithrig. | Yn y ras roedd … |
| Cornel gyntaf, Gwynfor Davies mewn car coch ar y blaen. | Roedd Gwynfor Davies ar y blaen … |
| Problem yn codi – ei injan yn poethi – yn arafu wrth bont Caerllo. | Yn anffodus … |
| Car glas yn mynd heibio. Y gyrrwr o Sweden. 2 dro arall - ei gar yn llithro o'r ffordd – yn colli amser. | Aeth gyrrwr o Sweden … |
| Car Gwynfor yn dal yn y ras. Mynd heibio i'r car glas. | Ond doedd y ras ddim ar ben eto! … |
| Car Gwynfor yn gorffen ar y blaen yn y cymal yma. | Ar ôl diwrnod gwlyb yn fforest … |

**YSGRIFENNU**

Ysgrifennwch adroddiad byr ar y rali.
Cofiwch ddefnyddio'r ffeithiau sydd yn y nodiadau.

t. 9

**LLAFAR**

- Ydych chi'n meddwl fod gyrwyr yn mynd yn rhy gyflym ar y ffyrdd heddiw?
- Ydych chi wedi bod mewn car oedd yn teithio'n rhy gyflym? Beth ddigwyddodd?
- Ydych chi'n meddwl fod camerâu cyflymder yn bethau da?

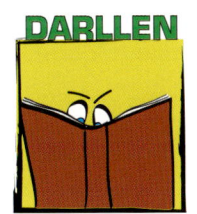

**DARLLEN**

Darllenwch y gerdd mewn parau – un pennill yr un.

Does gan neb yn ein tŷ ni
Fawr o glem am yrru,
Mae Dad o hyd yn crenshan gêrs
Nes gwneud i'r car bach grynu.

fawr o glem = dim llawer o syniad

Mae Dylan newydd basio'i brawf.
Mae hynny yn drueni!
Dydy e ddim yn ffit i yrru beic
Heb sôn am Lamborghini.

Mae Mam yn ddynes hynod neis
Ond mae hi'n mynd fel malwen.
Fe gymrodd wythnos gyfan gron
I fynd oddi yma i Lunden.

mynd fel malwen = mynd yn araf fel malwoden

Pan fydda i yn un deg saith
Ac eisiau dechrau gyrru,
Fe fydda i'n mynd at Mrs Jones
Ac nid at un o'r teulu.

**LLAFAR**

- A fyddech chi'n berson da i ddysgu rhywun i yrru?
- Pwy yn eich teulu chi fyddech chi'n eu dewis a pham?
- Ydych chi'n gwybod stori ddoniol am yrru?

## Snorclo Cors

Mae pobl yn dod i dref leiaf Prydain – Llanwrtyd, Powys bob blwyddyn i nofio mewn mwd. Mae dros gant o bobl yn cystadlu bob blwyddyn i fynd o un pen i'r gors i'r llall ac yn ôl. Mae pobl yn dod i gystadlu o bob man yn y byd. Mae'n rhaid i chi fynd am 109.7 metr. Rydych chi'n cael fflipers a snorcel. Mae cwmni hufen iâ yn noddi'r gystadleuaeth. Mae'r person sy'n ennill yn cael cwpan, hufen iâ am flwyddyn a bath! Maen nhw'n codi llawer o arian at achosion da.

| Safle | Enw | Amser mewn munudau |
|---|---|---|
| 1 | Phillip John | 1.35 |
| 2 | Gareth Davies | 1.51 |
| 3 | Mary Jones | 1.57 |
| 4 | Ian Gore | 2.00 |
| 5 | Alex Lewis | 2.02 |
| 6 | Tom Morgan | 2.09 |
| 7 | Nathan Lythe | 2.13 |
| 8 | Chris Jones | 2.16 |
| 9 | Catherine Wright | 2.18 |
| 10 | Rob Scott | 2.22 |

**YSGRIFENNU**

Atebwch y cwestiynau. Cywir neu anghywir?

1. Mae pobl yn dod i Lanwrtyd i nofio mewn hufen iâ.
2. Roedd dros gant o bobl yn cystadlu eleni.
3. Llanwrtyd ydy tref leiaf Cymru.
4. Mae noddi yn golygu rhoi arian.
5. Hyd y gors ydy 109.7 metr.
6. Enillodd Philip John mewn awr a 30 munud.

**LLAFAR**

- Ydych chi wedi cwympo i rywle budr a gwlyb? Fyddech chi'n hoffi cystadlu yn Llanwrtyd?
- Ydych chi wedi bod yn gwneud rhywbeth i godi arian at achosion da?

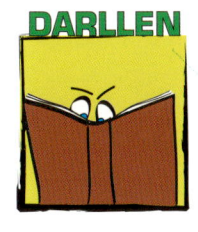

**DARLLEN**

Darllenwch y tabl a llenwch y bylchau.
Cofiwch ddefnyddio Prif Lythyren yn enwau pobl.

| 1 = cyntaf | Y _____ oedd _____ |
| --- | --- |
| 2 = ail | |
| 3 = trydydd | |
| 4 = pedwerydd | |
| 5 = pumed | |
| 6 = chweched | |
| 7 = seithfed | |
| 8 = wythfed | |
| 9 = nawfed | |
| 10 = degfed | |

t. 10-11

# Uned 3 – BWYD

Yn yr uned hon byddwch chi'n:

- Rhoi rhesymau wrth fynegi barn
- Creu cerdd
- Chwarae rôl

- Holi ac ateb cwestiynau'n gywir
- Defnyddio'r negyddol
- Defnyddio iaith perswadio

Yn ystod yr uned hon byddwch chi'n dod ar draws y geiriau hyn. Gallwch ddefnyddio'r rhestr hon fel geiriadur yn ystod yr uned.

| | |
|---|---|
| bresych – llysieuyn gwyrdd, *cabbage* | llwglyd – eisiau bwyd yn fawr iawn |
| bwydydd – mwy nag un bwyd | o bedwar ban byd – o bob man |
| clod – llawer o ddweud 'Da iawn' | organig – tyfu heb ddefnyddio cemegau |
| grawnfwyd – *cereal* | perchenogion – pobl sydd wedi prynu'r lle |
| grawnwin – *grapes* | sur – *sour* |
| iachus – rhywbeth sydd yn dda i chi | uwd – *porridge* |
| llawn braster – mae braster yn ddrwg i'r iechyd | yn boblogaidd – llawer o bobl yn ei hoffi |
| llawn maeth – llawn pethau sydd yn dda i chi | |

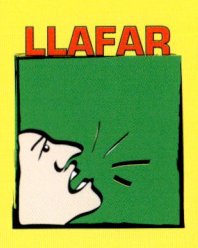

**LLAFAR**
- Beth gest ti i frecwast heddiw?
- Beth wyt ti'n hoffi ei fwyta i ginio?
- Wyt ti'n hoffi coginio?
- Beth ydy dy hoff bryd bwyd di?

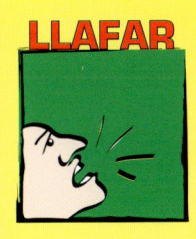

**LLAFAR**

Rhowch y bwydydd hyn mewn **dwy restr** - bwydydd rydych chi'n eu hoffi a bwydydd dydych chi ddim yn eu hoffi.

| llaeth | iogwrt | sbrowts |
| --- | --- | --- |
| cig oen | banana | siocled poeth |
| bresych | caws | mefus |
| cawl | cyri a reis | grawnfwyd |
| grawnwin | cyw iâr | treiffl |

**YSGRIFENNU**

Ysgrifennwch dair brawddeg am fwydydd rydych chi'n eu hoffi a thair brawddeg am fwydydd dydych chi ddim yn eu hoffi.
Beth am ddechrau rhai o'r brawddegau fel hyn?

- Fy nghas fwyd ydy
- Rydw i'n hoff iawn o
- Rydw i wrth fy modd gyda
- Dydw i ddim yn hoffi
- Rydw i'n casáu
- Fy hoff fwyd ydy

t. 2-5

UNED 3 • BWYD

**DARLLEN**

Darllenwch y darn hwn am beth mae Nia'n hoffi ei fwyta.

> Rydw i'n hoff iawn o fwyta pob math o bethau. I frecwast bob bore, rydw i'n yfed sudd oren ac yn bwyta tost a jam. Rydw i'n bwyta banana hefyd cyn dal y bws. Mae Mam bob amser yn dweud bod bwyta brecwast da yn bwysig iawn!
>
> Weithiau, rydw i'n mynd i'r ffreutur amser egwyl ac yn prynu darn o dost i fwyta ar yr iard. Amser cinio, rydw i'n prynu cinio yn ffreutur yr ysgol. Os ydy hi'n dywydd braf, rydw i'n prynu brechdan ac yn ei bwyta'n gyflym er mwyn cael mynd allan. Os ydy hi'n dywydd diflas rydw i'n prynu cinio poeth, fel byrgyr cyw iâr a sglodion neu cyri a reis. Os ydw i'n teimlo'n llwglyd, rydw i'n cael pwdin hefyd!
>
> Gan amlaf, rydw i'n cael afal neu oren ar ôl cyrraedd adref o'r ysgol. Wedyn, mae Mam yn gwneud swper neu rydw i'n gwneud fy swper fy hun os ydy Mam yn gweithio. Rydw i'n dda iawn am wneud taten bob gyda tiwna. Ar ddydd Sul, rydw i'n mynd at Mam-gu i gael cinio. Fy hoff fwyd i yn y byd i gyd ydy cinio dydd Sul Mam-gu gyda chrymbl afal a chwstard yn bwdin!

**LLAFAR**

Atebwch y cwestiynau hyn gyda'ch partner:

- Beth mae Nia'n ei fwyta i frecwast?
- Beth mae Nia'n ei fwyta cyn dal y bws?
- Ydy Nia'n bwyta rhywbeth amser egwyl?
- Beth mae Nia'n ei fwyta i ginio os ydy hi'n dywydd braf?
- Beth mae Nia'n ei fwyta i ginio os ydy hi'n dywydd diflas?
- Ydy Nia'n bwyta pwdin bob dydd?
- Beth mae Nia'n ei fwyta ar ôl cyrraedd adref o'r ysgol?
- Pwy sy'n coginio swper yn nhŷ Nia?

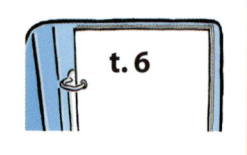

**YSGRIFENNU**

Ysgrifennwch ddarn fel un Nia.

Edrychwch yn ofalus ar sut mae Nia wedi dechrau pob brawddeg.

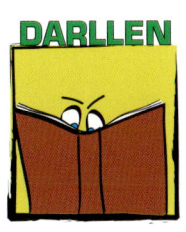

- Rydw i
- I frecwast
- Weithiau
- Ar ddydd Sul
- Gan amlaf
- Fy hoff fwyd ydy
- Amser cinio

**DARLLEN**

Darllenwch y gerdd hon gan Zohrah Evans.

### Bwyta'n iach

Mae Nain yn dweud o hyd,
'Rhaid bwyta pethau sy'n
Llawn maeth, er mwyn iti
Gael tyfu'n fachgen cry.
Bresych a bara, moron a ffa,
Pysgod a ffrwythau. Rhain sy'n dda!
Cig ac uwd a chreision ŷd.
Rhain yw bwydydd iacha'r byd!'

Ond mae'n well gen i …

*Chop suey* a *chips*, Pepsi a pizza,
Byrgar a chyri, kebabs a samosa,
Pasta a popcorn, tandwri a Twix,
Lemonêd a *lasagne*, Pick-and-Mix,
Pot nwdls, Penguins a hufen iâ.
Bwydydd ffantastig! Rhain sy'n dda !

**LLAFAR**

Darllenwch y gerdd eto. Gyda phartner, trafodwch pa fwyd i'w roi ym mha golofn.

| Bwydydd sydd yn **iach** | Bwydydd sydd **ddim yn iach** |
|---|---|
|  |  |
|  |  |
|  |  |
|  |  |
|  |  |

t. 7

**LLAFAR**

Meddyliwch am bum peth **rydych chi'n hoffi** eu bwyta.
Meddyliwch am bum peth **dydych chi ddim yn hoffi** eu bwyta

| Hoffi bwyta | Ddim yn hoffi bwyta |
|---|---|
|  |  |
|  |  |
|  |  |
|  |  |
|  |  |

t. 8-10

**YSGRIFENNU**

Nawr, meddyliwch am resymau pam rydych chi'n hoffi neu ddim yn hoffi'r bwyd.

Er enghraifft;

- *Rydw i'n hoffi* bwyta mefus <u>achos maen nhw'n felys.</u>
- *Rydw i'n hoffi* bwyta tost <u>achos mae'n crensian.</u>

- *Dydw i ddim yn hoffi* bwyta cwstard <u>achos mae'n rhy felys.</u>
- *Dydw i ddim yn hoffi* bwyta ffrwyth kiwi <u>achos mae'n sur.</u>

| | |
|---|---|
| achos mae'n flasus. | achos mae'n ofnadwy. |
| achos mae'n felys. | achos mae'n sur. |
| achos mae'n iachus. | achos mae'n llawn braster. |
| achos mae'n hyfryd! | achos mae'n afiach! |

UNED 3 • BWYD

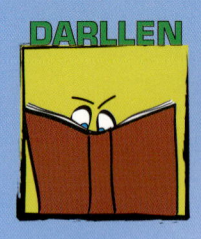

Darllenwch y darn hwn am Westy'r Harbwr yn nhref glan y môr brydferth Aberaeron.

### Gwesty'r Harbwr

Glyn a Menna Heulyn ydy perchenogion Gwesty'r Harbwr yn Aberaeron. Mae'r gwesty'n boblogaidd iawn ac mae pobl yn dod o bedwar ban byd i aros yno. Agorodd y gwesty ym mis Mai 2002 ac mae wedi bod yn brysur iawn yno ers hynny. Mae Glyn a Menna Heulyn yn dod o ardal Aberaeron yn wreiddiol ac roedden nhw eisiau agor gwesty yno am fod yr ardal mor brydferth.

Maen nhw'n defnyddio bwyd lleol yn y bwyty a gan fod Aberaeron ar bwys y môr, maen nhw hefyd yn defnyddio llawer iawn o bysgod wrth goginio. Mae'r fwydlen yno yn y Gymraeg ac yn Saesneg. Mae pawb sydd yn gweithio yn y gwesty'n gallu siarad Cymraeg hefyd. Mae pobl yn dod o bell i fwyta yn y bwyty. Daeth dyn papur newydd a dweud mai dyma un o'r llefydd gorau i fwyta ym Mhrydain Fawr i gyd!

Mae saith ystafell wely yn y gwesty ac mae pob un wedi ei henwi ar ôl y llongau hwylio a gafodd eu hadeiladu yn Aberaeron dros ddau gan mlynedd yn ôl. Mae'r gwesty wedi ennill clod mawr drwy gael ei ddewis yn Westy Gorau Cymru mewn cystadleuthau fwy nag unwaith.

Chwiliwch yn y darn darllen am yr atebion i'r cwestiynau hyn:

- Pam wnaeth Glyn a Menna Heulyn agor gwesty yn Aberaeron?
- Pa fath o fwyd sydd yn y bwyty?
- Ydy'r gwesty'n un da? Pam ydych chi'n credu hyn?

**DARLLEN**

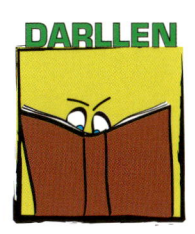

Darllenwch y darn hwn o fwydlen gwesty.
Beth fyddech chi'n ei ddewis i'w fwyta?
Pam?

**I Ddechrau**

Cawl cennin

Caws gafr

**Prif Gwrs**

Cig oen Cymru

Pysgod ffres o Ben Llŷn

**Pwdin**

Bisgedi gyda chaws Cymru

Cacen siocled gyda hufen iâ cartref

**Coffi neu de**

**LLAFAR**

t. 11

Rydych chi'n gweithio mewn gwesty. Rydych chi'n gweini ar y byrddau.

- Mae angen i chi roi croeso i'r cwsmeriaid.

- Mae angen i chi ddweud beth sydd ar y fwydlen.

- Mae angen i chi holi'r cwsmeriaid beth maen nhw eisiau i'w fwyta ymhob cwrs.

- Mae angen i chi holi'r cwsmeriaid beth maen nhw eisiau i'w yfed.

- Mae angen i chi ddweud wrth y cwsmeriaid am fwynhau eu pryd bwyd.

**YSGRIFENNU**

t. 12

Ewch ati i greu bwydlen ar gyfer eich gwesty eich hun. Gallwch ddewis unrhyw fath o fwyd.

*Bwydlen*

**DARLLEN**

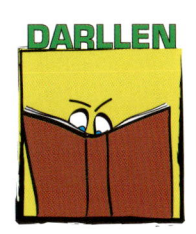

Mae cwmni arall o Gymru wedi ennill gwobrau am fwyd. Rhywbeth ar gyfer pobl ifanc yw 'Daioni', sef llaeth organig gyda blas arno. Roedd tair fferm yn Sir Benfro wedi dod at ei gilydd yn 2002 i werthu eu llaeth organig a chreu'r cwmni 'Trioni'.

Yn 2003 penderfynodd y cwmni eu bod am greu llaeth organig gyda blas arno, sef 'Daioni'. Y tri blas ydy siocled, mefus neu fanana. Mae'r llaeth yn boblogaidd iawn ac mae'n cael ei werthu mewn caffis ac ysgolion drwy Brydain Fawr.

**YSGRIFENNU**

Mae eisiau i chi greu **poster** yn hysbysebu llaeth 'Daioni' i'w osod yn ffreutur yr ysgol. Mae eisiau rhoi'r pethau hyn ar y poster:

- Llaeth ffres organig

- Llawn calsiwm

- Dim lliw na blas artiffisial

- Llawn maeth

- Llun o'r llaeth

- Pris y llaeth

UNED 3 • BWYD

# Uned 4 – CANOLFAN Y MILENIWM

Yn yr uned hon byddwch chi'n:

- Disgrifio llun
- Casglu gwybodaeth
- Mynegi barn

- Treiglo ar ôl 'i' ac 'o'
- Defnyddio iaith mynegi barn
- Ysgrifennu cerdyn post yn gywir

Yn ystod yr uned hon byddwch chi'n dod ar draws y geiriau hyn. Gallwch ddefnyddio'r rhestr hon fel geiriadur yn ystod yr uned.

| | |
|---|---|
| agoriad – pan fod rhywbeth yn cael ei agor | o bedwar ban byd – o bob man |
| anhygoel – arbennig, rhyfeddol, *amazing* | swyddogol – rhywbeth ffurfiol, *official* |
| chwareli – o lle mae'r llechi'n dod | |
| dur – metel cryf, *iron* | |
| gof – un sy'n gweithio â metel | |
| llechi – math o garreg sy'n cael ei ddefnyddio i adeiladu | |
| mileniwm – mil o flynyddoedd, y flwyddyn 2000 | |

t. 2

**Darllen**

Darllenwch y poster hwn.

---

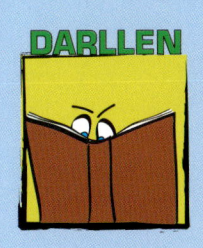

# CANOLFAN Y MILENIWM

## CAERDYDD

### AGORIAD SWYDDOGOL

### TACHWEDD 26AIN 2004

### AGORIAD GAN BRYN TERFEL

DEWCH I WELD CANOLFAN NEWYDD ANHYGOEL

---

**Llafar**

- Ble mae Canolfan y Mileniwm?

- Pryd oedd yr agoriad swyddogol?

- Pwy oedd yn agor Canolfan y Mileniwm?

- Sut fath o le ydy'r Ganolfan?

- Ydych chi wedi bod yng Nghanolfan y Mileniwm yng Nghaerdydd? Sut le oedd yno?

- Ydych chi'n adnabod rhywun sydd wedi bod yno? Oedden nhw wedi mwynhau?

**LLAFAR**

Edrychwch ar y llun hwn o Ganolfan y Mileniwm.

Beth ydych chi'n ei weld?

Beth sydd yn tynnu eich sylw?

Ydych chi'n hoffi'r adeilad? Pam?

t. 3-4

**DARLLEN**

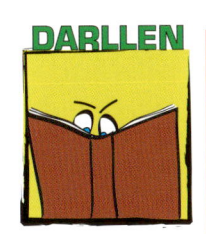

Darllenwch y wybodaeth am Ganolfan y Mileniwm.

Ym mis Tachwedd 2004, cafodd adeilad newydd sbon ei agor yn ardal Bae Caerdydd. Mae sylw'r byd wedi bod ar y Ganolfan newydd hon – Canolfan Mileniwm Cymru.

Mae Canolfan y Mileniwm wedi cael ei hadeiladu er mwyn i bobl Cymru gael mynd i weld pob math o bethau yno, fel sioeau cerdd, dramâu, bale ac opera.

Mae pobl wedi bod yn trafod adeiladu canolfan fel hon yng Nghymru ers blynyddoedd. Mae'r Ganolfan wedi costio llawer iawn o arian i'w hadeiladu, tua 106 miliwn o bunnoedd. Daeth llawer iawn o'r arian hwn oddi wrth y Loteri Genedlaethol.

Mae llawer o bethau gwahanol y tu fewn i'r adeilad. Mae digon o lefydd i fwyta, llefydd ymarfer, stiwdio recordio a stiwdio ddawns. Rydych chi hyd yn oed yn gallu cysgu yno! Mae gan Urdd Gobaith Cymru wersyll newydd yn y Ganolfan, gyda lle i fwy na 150 o bobl ifanc i gysgu yno.

Y prif beth yn y Ganolfan wrth gwrs ydy'r Theatr. Mae 1,900 o bobl yn gallu eistedd yn y theatr. Enw'r theatr ydy Theatr Donald Gordon. Mae'r theatr wedi ei henwi ar ôl y dyn hwn am ei fod wedi rhoi 10 miliwn o bunnoedd er mwyn helpu i adeiladu Canolfan y Mileniwm. Dyma un o theatrau mwyaf y byd. Does dim theatr mwy o faint na hon yn Efrog Newydd hyd yn oed!

Mae llawer o bethau o Gymru wedi cael eu defnyddio wrth adeiladu'r Ganolfan. Mae'r llechi sydd y tu allan yn dod o chwareli Gogledd Cymru, a'r dur a'r gwydr o'r De. Y prif beth sydd yn tynnu sylw pobl ydy'r llythrennau mawr gwydr sydd ar waliau y lle. Maen nhw'n dweud 'Creu gwir fel gwydr o ffwrnais awen'. Mae pob llythyren yn 2 fetr o faint ac mae ffenest ym mhob un.

Mae drws blaen arbennig i Ganolfan y Mileniwm. Mae'r allwedd wedi ei wneud gan Ann Catrin Evans, gof o ardal Caernarfon. Teithiodd yr allwedd o amgylch y byd cyn i'r Ganolfan agor. Roedd yr allwedd wedi bod yn Efrog Newydd, Saltsburg yn Awstria, yr Eidal, Ffrainc, De'r Affrig, Japan ac Awstralia. Daeth yr allwedd yn ôl i Ganolfan y Mileniwm ym Mae Caerdydd ar gyfer yr agoriad swyddogol ym mis Tachwedd 2004.

Mae rhai pobl yn poeni bod y Ganolfan wedi costio llawer o arian. Maen nhw hefyd yn poeni na fydd digon o bobl yn dod i'r Ganolfan.

Mae rhai eraill yn credu bod Canolfan Mileniwm Cymru yn bwysig iawn. Mae pawb nawr yn gwybod lle mae Cymru oherwydd y Ganolfan newydd. Mae pobl yn teithio o bedwar ban byd er mwyn dod i weld y lle.

t. 5-6

**DARLLEN**

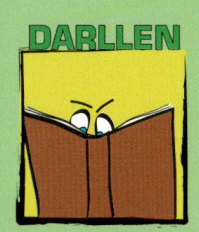

Darllenwch yr hyn y mae pobl wedi ei ddweud am Ganolfan Mileniwm Cymru.

Wrth ddarllen, meddyliwch a ydych chi'n **cytuno** neu'n **anghytuno** gyda'r hyn y maen nhw'n ei ddweud.

> Mae'r Ganolfan yn edrych yn wych – mae'n adeilad hardd iawn.
> — Osian

> Rydw i'n edrych ymlaen at fynd yno, mae'n bwysig i Gymru i gael theatr fel hyn.
> — Anwen

> Oes rhaid i'r Ganolfan fod yng Nghaerdydd? Mae popeth yng Nghaerdydd.
> — Siân

> Dydy'r rhan fwyaf o bobl ddim yn mynd i'r theatr – pam mae eisiau un o gwbl?
> — Gwawr

> Mae'r Ganolfan wedi costio llawer gormod o arian. Dylai'r arian fod wedi cael ei wario ar adeiladu ysbyty neu ysgolion newydd.
> — Emyr

> Mae'n iawn fod gan Gymru le fel hwn. Mae gan bob gwlad arall yn y byd le tebyg.
> — Endaf

**LLAFAR**

Edrychwch ar y pethau y mae pobl wedi ei ddweud.

Pa rai sydd o blaid Canolfan y Mileniwm?

Pa rai sydd yn erbyn Canolfan y Mileniwm?

| O blaid | Yn erbyn |
|---|---|
|  |  |
|  |  |
|  |  |

t. 7

Gyda pha sylwadau ydych chi'n cytuno a pham?

Trafodwch y gosodiad hwn gyda'ch grŵp

> Rydw i'n credu bod Canolfan y Mileniwm yn beth da iawn i Gymru.

Sut mae gweithio'n dda mewn grŵp?

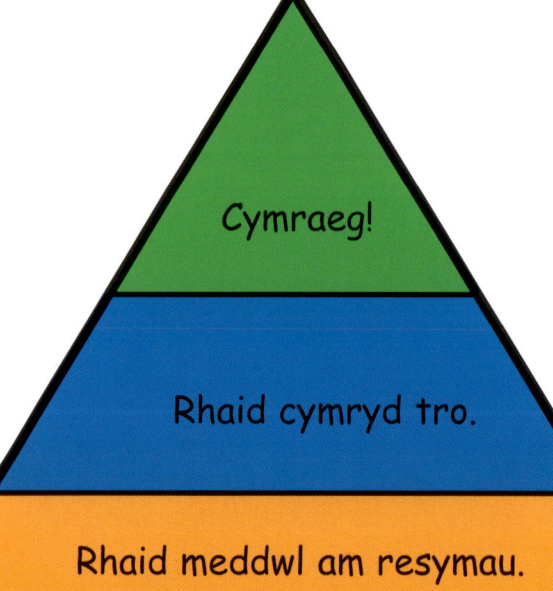

- Cymraeg!
- Rhaid cymryd tro.
- Rhaid meddwl am resymau. Rhaid dweud PAM.
- Pawb i feddwl cyn dweud eu barn. Ydych chi'n credu bod Canolfan y Mileniwm yn beth da neu beidio?

**DARLLEN**

Mae gan Urdd Gobaith Cymru le arbennig i chi aros yng Nghanolfan Mileniwm Cymru. Mae lle i dros 150 o bobl ifanc i aros yn y gwersyll yno. Mae'r gwersyll hwn yn hollol wahanol i bob gwersyll arall sydd gan yr Urdd, oherwydd dyma'r unig wersyll sydd mewn dinas.

Mae llawer iawn o bethau yn y gwersyll. Mae neuadd, lolfa, ffreutur ac ystafell ddosbarth yno er mwyn cael gwersi weithiau! Rydych chi hefyd yn gallu cael taith o amgylch y Ganolfan.

Wrth aros yng ngwersyll yr Urdd yng Nghanolfan Mileniwm Cymru rydych chi hefyd yn gallu ymweld â llawer iawn o lefydd diddorol. Mae Stadiwm y Mileniwm, y Cynulliad, Techniquest, Sain Ffagan a Chastell Coch i gyd yn agos at y gwersyll.

Bydd aros yn y gwersyll hefyd yn gyfle i fynd i weld sioe neu i weld gêm bêl-droed, criced neu rygbi.

Gallwch ddarllen mwy am y gwersyll ar www.urdd.org

Atebwch y cwestiynau hyn gyda'ch partner.

- Ble mae gwersyll mwyaf newydd yr Urdd?
- Faint o bobl ifanc sydd yn gallu aros yno?
- Beth sydd yn y gwersyll?
- Pa lefydd diddorol eraill sydd yn agos i'r gwersyll?
- Beth arall allwch chi ei wneud wrth aros yn y gwersyll?
- Ydych chi wedi bod yng Nglan-llyn neu Langrannog o'r blaen?
    - Dywedwch sut le oedd yno.
    - Beth wnaethoch chi yno?
    - Wnaethoch chi fwynhau?
- Fyddech chi'n hoffi aros yn y gwersyll yng Nghanolfan Mileniwm Cymru?
    - Pam?
    - Beth fyddech chi'n hoffi ei wneud yno?

Dychmygwch eich bod wedi aros yng ngwersyll yr Urdd yng Nghanolfan Mileniwm Cymru.

Ysgrifennwch **gerdyn post** at eich teulu. Dywedwch:

- Sut fath o ystafell sydd gyda chi

> Mae fy ystafell i yn ......

- Sut fath o le ydy'r gwersyll

> Mae'r gwersyll yn ...

- Beth ydych chi wedi bod yn ei wneud

> Rydw i wedi bod yn ...
> Es i i ...

- Beth ydych chi'n mynd i'w wneud

> Yfory, rydw i'n mynd i ....
> Rydyn ni'n mynd i ...

# Uned 5 – TEITHIO

Yn yr uned hon byddwch chi'n:

- Gwneud cyflwyniad o flaen gweddill y dosbarth
- Ysgrifennu cerdyn post
- Creu stori

- Defnyddio'r negyddol
- Defnyddio berfau'n gywir
- Casglu gwybodaeth bwysig o ddarn darllen

Yn ystod yr uned hon byddwch chi'n dod ar draws y geiriau hyn. Gallwch ddefnyddio'r rhestr hon fel geiriadur yn ystod yr uned.

amserlen – rhoi trefn amser, *timetable*
anhygoel – arbennig iawn, *amazing*
awyrennau – mwy nag un awyren
balŵn awyr poeth – balŵn enfawr, *hot air balloon*
bendigedig – arbennig o neis
crand – *smart iawn*
cyflwyniad – rhywbeth ar y dechrau, *introduction*
eli haul – *sun tan lotion*
gwyllt – bywyd gwyllt, anifeiliaid gwyllt, blodau gwyllt, *wild*

llonydd – *tawel iawn*
metr – *metre*
modryb – *aunt*
moethus – neis dros ben, *luxurious*
môr yr Iwerydd – y môr rhwng Prydain ac America, *Atlantic*
tanbaid – *poeth iawn*
traethau – mwy nag un traeth
trenau – mwy nag un trên
tywodlyd – *sandy*

# GWYLIAU

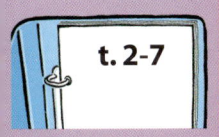

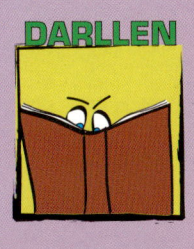

- Wyt ti wedi bod ar wyliau?
- Ble?
- Gyda phwy est ti ar dy wyliau?
- Sut wnaethoch chi deithio yno?
- Sut le oedd yno?
- Fyddet ti'n hoffi mynd nôl? Pam?

Darllenwch y darn yma. Sawl ffordd o deithio y mae sôn amdanyn nhw yn y darn? Tanlinellwch nhw.

> Es i ar fy ngwyliau i Ogledd Lloegr. Es i mewn bws i'r orsaf drenau. Yna, es i ar drên i dref Efrog. Yn Efrog roedd fy modryb yn aros amdana i yn ei char. Aethon ni yn y car i'w thŷ hi. Gwnes i fwynhau fy ngwyliau yn Efrog. Es i ar gwch ar yr afon er mwyn gweld y dref. Un diwrnod braf ces gyfle i fynd mewn balŵn awyr poeth, ond mae ofn uchder arna i. Roedd yn well gyda fi sefyll â'm traed ar y ddaear!

Meddyliwch am wahanol bethau sy'n teithio:

- ar y tir
- ar y môr
- yn yr awyr

| Ar y tir | Ar y môr | Yn yr awyr |
|----------|----------|------------|
|          |          |            |
|          |          |            |
|          |          |            |

UNED 5 • TEITHIO

**YSGRIFENNU**

Rydych chi'n pacio i fynd ar eich gwyliau i wlad boeth iawn.

Beth fydd ei angen arnoch chi?

- eli haul
- esgidiau glaw
- sbectol haul
- tywel
- camera
- arian
- cot drwchus
- gwisg nofio
- fflasg o goffi
- crys T

Gosodwch y pethau yma mewn dwy restr.

| Mae angen | Does dim angen |
|---|---|
| Mae angen pasbort arna i | Does dim angen het wlân arna i |
|  |  |
|  |  |
|  |  |
|  |  |
|  |  |

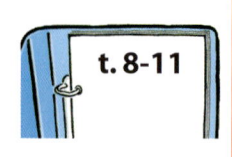

t. 8-11

Edrychwch ar y golofn 'Mae angen' eto.

Nawr, ysgrifennwch frawddeg i bob un yn dweud pam mae angen pacio'r pethau yma.

e.e.   Mae angen pasbort arna i er mwyn teithio i wlad dramor.

**LLAFAR**

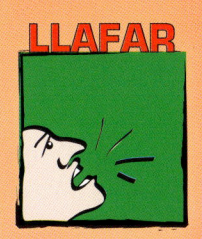

Dychmygwch eich bod yn cael mynd ar wyliau i unrhyw le yn y byd!
- I ble fyddet ti'n hoffi mynd?
- Pam?
- Gyda phwy fyddet ti'n mynd?
- Sut fyddet ti'n teithio yno?
- Ble fyddet ti eisiau aros?
- Beth fyddet ti eisiau ei wneud yno?

Gwnewch gyflwyniad i weddill y dosbarth. Gallech chi ddefnyddio lluniau wedi eu torri allan o gylchgronau teithio wrth i chi siarad.

t. 12

**DARLLEN**

## CERDYN POST

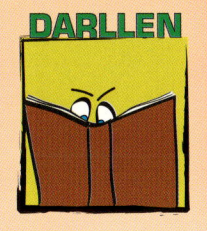

Mae Gwen ar ei gwyliau yng ngwlad Groeg. Dyma ei cherdyn post hi.

*Awst 5ed*
*Annwyl Gareth,*
*Rydw i'n aros ar ynys Kythira. Mae'n bert iawn yma. Mae'r traethau'n hyfryd a dŵr y môr yn glir ac yn las. Mae blodau gwyllt lliwgar yn tyfu ym mhob man. Mae'r gwesty yn wych – gwesty 5 seren! Rydw i wrth fy modd gyda'r bwyd ac rydw i'n bwyta ar y teras bob nos, o dan y sêr. Ddoe, es i i sgio dŵr. Roeddwn i'n mynd yn gyflym iawn. Fory, rydw i eisiau snorclo!*

*Hwyl, Gwen*

*Mr. G. Jones,*
*5, Ffordd y De,*
*Abermaer,*
*Ceredigion,*
*Cymru*
*SA46 8YY*

**DARLLEN**

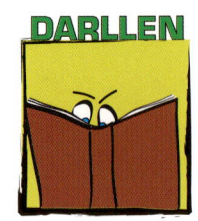

Wedi i chi ddarllen y cerdyn post, atebwch y cwestiynau yma:

1. Ble mae Gwen ar ei gwyliau?
2. Disgrifiwch ddŵr y môr.
3. Beth sy'n tyfu ar yr ynys?
4. Ble mae Gwen yn bwyta ei bwyd bob nos?
5. Beth wnaeth Gwen ddoe?

**YSGRIFENNU**

Mae eisiau i chi ysgrifennu cerdyn post.

Edrychwch ar gerdyn post Gwen eto.

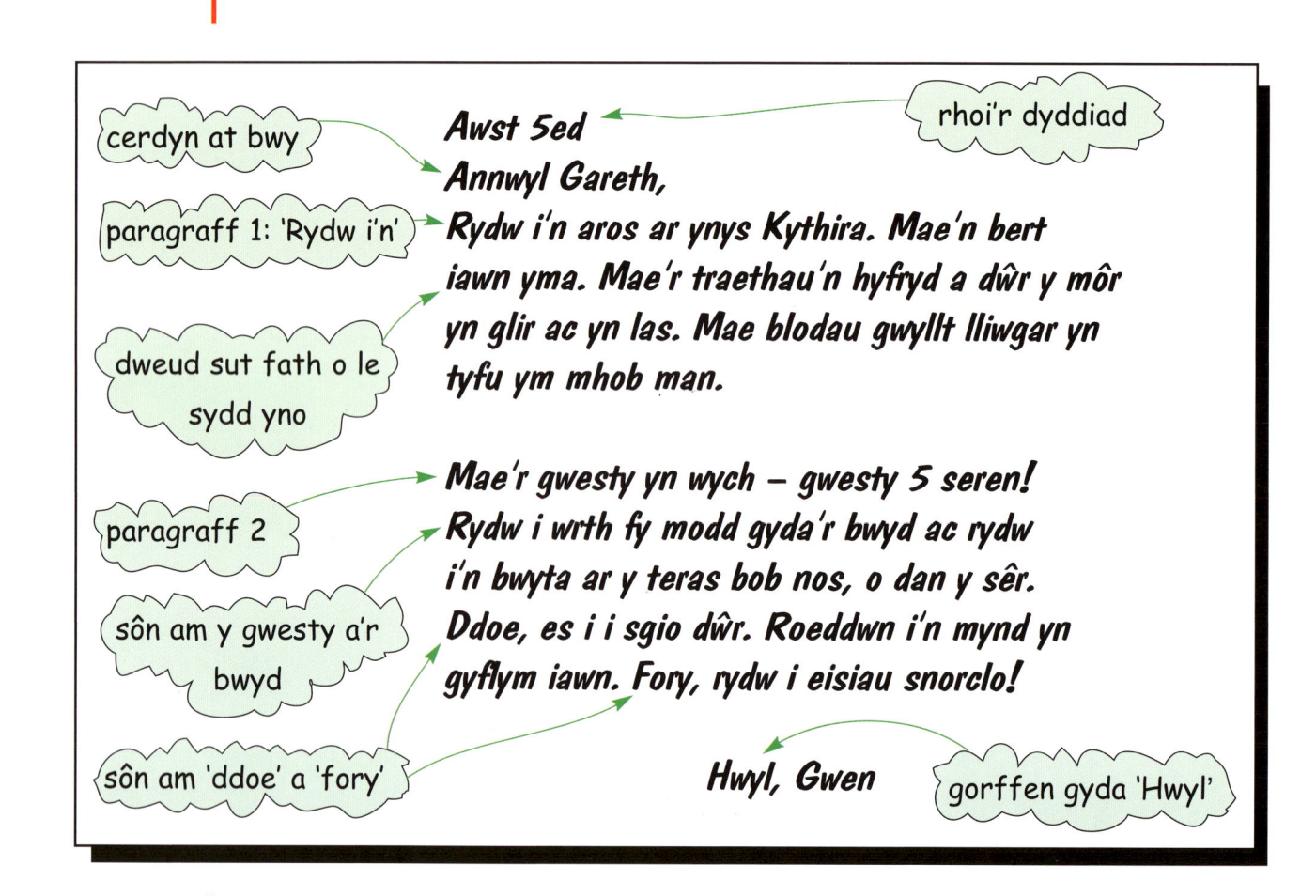

---

*cerdyn at bwy* → Awst 5ed ← *rhoi'r dyddiad*

Annwyl Gareth,

*paragraff 1: 'Rydw i'n'* → Rydw i'n aros ar ynys Kythira. Mae'n bert iawn yma. Mae'r traethau'n hyfryd a dŵr y môr yn glir ac yn las. Mae blodau gwyllt lliwgar yn tyfu ym mhob man.

*dweud sut fath o le sydd yno*

*paragraff 2* → Mae'r gwesty yn wych – gwesty 5 seren! Rydw i wrth fy modd gyda'r bwyd ac rydw i'n bwyta ar y teras bob nos, o dan y sêr. Ddoe, es i i sgio dŵr. Roeddwn i'n mynd yn gyflym iawn. Fory, rydw i eisiau snorclo!

*sôn am y gwesty a'r bwyd*

*sôn am 'ddoe' a 'fory'*

Hwyl, Gwen ← *gorffen gyda 'Hwyl'*

UNED 5 • TEITHIO

**YSGRIFENNU**

Meddyliwch am eiriau da eraill i'w defnyddio yn eich cerdyn post.

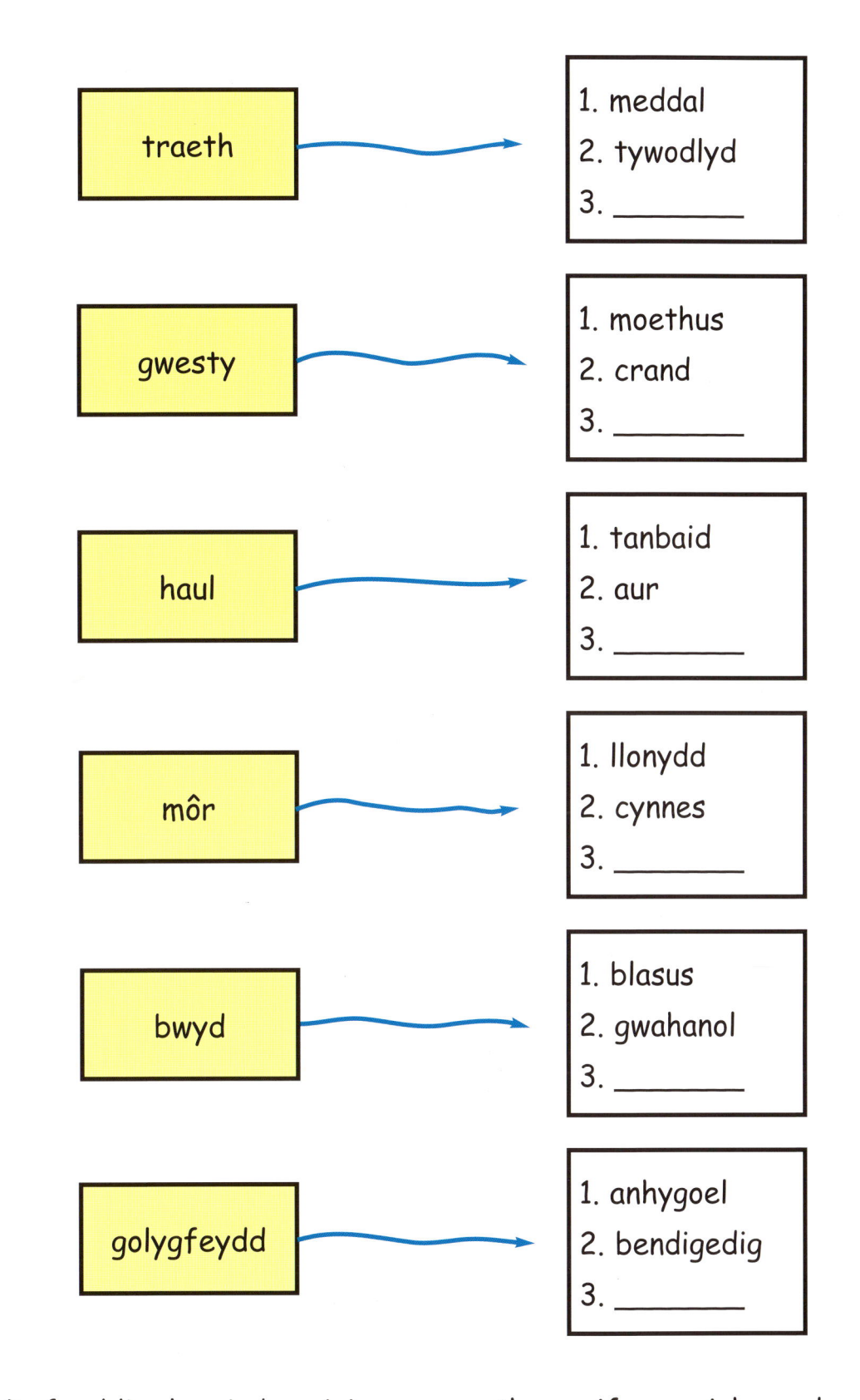

**traeth** →
1. meddal
2. tywodlyd
3. _____

**gwesty** →
1. moethus
2. crand
3. _____

**haul** →
1. tanbaid
2. aur
3. _____

**môr** →
1. llonydd
2. cynnes
3. _____

**bwyd** →
1. blasus
2. gwahanol
3. _____

**golygfeydd** →
1. anhygoel
2. bendigedig
3. _____

t. 13-15

Defnyddiwch rai o'r geiriau yma wrth ysgrifennu eich cerdyn post.

UNED 5 • TEITHIO 47

# HEDFAN

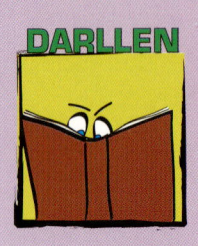

Mae'n rhaid darllen amserlen yn ofalus wrth fynd ar wyliau.

Dyma amserlen awyrennau o faes awyr Caerdydd.

Edrychwch yn ofalus iawn arni.

|  | Mawrth 2il | Mai 20fed | Gorffennaf 4ydd | Hydref 12fed |
|---|---|---|---|---|
| Caerdydd | 9.15 am | 11.15 am | 7.15 am | 4.15 am |
| Paris | 10.30 am | 12.30 pm | 8.30 am | 5.30 am |
| Rhufain | 11.45 am | 1.45 pm | 9.30 am | 6.30 am |
| Madrid | 1.00 pm | 2.45 pm | 10.30 am | 7.45 am |
| Queensland | 9.00 pm | 11.00 am | 7.00 am | 4.00 am |

Gyda phartner, atebwch y cwestiynau yma yn eich tro.

Dylai un holi'r cwestiwn a'r llall ei ateb.

Cofiwch ddweud y dyddiad a'r amser yn llawn.

- Faint o'r gloch fydd yr awyren yn gadael Caerdydd ar yr 2il o Fawrth?
- Faint o'r gloch fydd yr awyren yn Paris ar yr 20fed o Fai?
- Faint o'r gloch fydd yr awyren yn Rhufain ar y 4ydd o Orffennaf?
- Faint o'r gloch fydd yr awyren yn Madrid ar y 12fed o Hydref?
- Faint o'r gloch fydd yr awyren yn Queensland ar yr 2il o Fawrth?

Allwch chi feddwl am gwestiynau eraill?

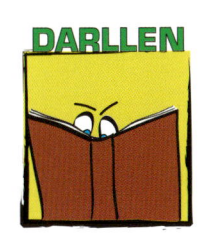

## Hanes Hedfan

Yn Paris yn y flwyddyn 1783 hedfanodd dynion am y tro cyntaf mewn basged oedd wedi ei chlymu o dan falŵn papur. Roedd dau ddyn yn fodlon teithio yn y fasged, ond yn gyntaf roedd hwyaden, dafad a cheiliog wedi bod am daith ynddi!

Yn 1903 hedfanodd yr awyren gyntaf mewn lle o'r enw Kitty Hawk yng Ngogledd Carolina, America. Roedd yr awyren yn 6.4 metr o hyd. Dau frawd o'r enw Orville a Wilbur Wright oedd wedi adeiladu'r awyren yn Ohio. Enw'r awyren oedd Flyer 1.

Yn 1909 hedfanodd Louis Bleriot am y tro cyntaf dros y môr o Ffrainc i Loegr. Erbyn 1919 roedd John Alcock ac Arthur Brown wedi hedfan 1,980 o filltiroedd dros fôr yr Iwerydd mewn 16 awr a 12 munud.

Erbyn 1969 roedd Prydain a Ffrainc wedi penderfynu adeiladu awyren fwyaf cyflym y byd – Concorde. Roedd yr awyren yn mesur 62.2 metr ac roedd pedair injan ganddi. Roedd Concorde yn gallu hedfan 1,350 milltir yr awr, sef ddwywaith yn fwy cyflym na sŵn. Roedd hi'n hedfan un ar ddeg milltir i fyny yn yr awyr ac yn gallu hedfan o Lundain i Efrog Newydd mewn tair awr ac ugain munud. Byddai'n cymryd dros saith awr i wneud yr un daith mewn awyren arall. Yn 1986 roedd Concorde wedi hedfan o amgylch y byd, sef 28,238 o filltiroedd mewn 29 awr a 59 munud.

Hedfanodd Concorde am y tro olaf ar y 24ain o Hydref 2003. Roedd problemau wedi codi gyda'r awyren a doedd rhai ddim yn credu ei bod hi'n ddiogel. Roedd dros 2.5 miliwn o bobl wedi hedfan ar Concorde er 1976.

# Hanes Hedfan

Casglwch y wybodaeth am Concorde o'r darn 'Hanes Hedfan' gan lenwi'r ffeithffeil yma:

| | |
|---|---|
| Blwyddyn adeiladu Concorde | |
| Mesur | |
| Injan | |
| Milltir yr awr | |
| Uchder yn yr awyr tra'n hedfan | |
| Hyd y daith o Lundain i Efrog Newydd | |
| Hyd y daith o gwmpas y byd | |
| Hedfan am y tro olaf | |
| Nifer o bobl oedd wedi hedfan ar Concorde | |

# TRAETH Y PIGYN

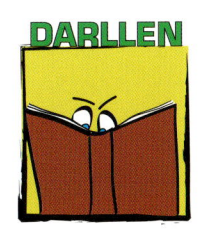

Darllenwch y gerdd hon gan T. Llew Jones.
Dydy pawb ddim eisiau teithio'r byd.
Mae'n well gan rai pobl aros yn agos i'w cartref.
Mae Traeth y Pigyn yng Ngheredigion yn agos at gartref y bardd.

**Traeth y Pigyn**

Ddoi di gen i i Draeth y Pigyn
Lle mae'r môr yn bwrw'i ewyn?
Ddoi di gen i? Ddoi di gen i?
Ddoi di ddim?

Ddoi di i godi castell tywod
A rhoi cregyn am ei waelod?
Ddoi di gen i? Ddoi di -
Ddoi di ddim?

Fe gawn yno wylio'r llongau
A chawn redeg ras â'r tonnau,
Ddoi di gen i?
Ddoi di ddim?

O, mae'n braf ar Draeth y Pigyn
Lle mae'r môr yn bwrw'i ewyn,
Pan fo'r awel ar y creigiau,
Pan fo'r haul ar las y tonnau.
Tyrd gen i i Draeth y Pigyn,
Fe gawn wyliau hapus wedyn.
Ddoi di gen i? Ddoi di gen i?
Gwn y doi!

T. Llew Jones

**DARLLEN**

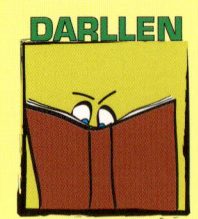

Edrychwch yn y geiriadur am ystyr y geiriau yma:

a) ewyn     _____

b) cragen, cregyn     _____

c) ton, tonnau     _____

ch) craig, creigiau     _____

d) awel     _____

Nawr, rhowch bob gair mewn brawddeg sy'n gwneud synnwyr.

**LLAFAR**

Trafodwch yn eich grwpiau:

- Sut mae'r gerdd yn agor?
- Beth mae'r bardd am wneud ar Draeth y Pigyn?
- Pryd mae hi'n braf ar Draeth y Pigyn?
- Ydy'r gerdd yn gorffen yn wahanol? Sut?
- Oes rhywle rydych chi'n hoffi mynd iddo i ymlacio? Ble?
- Pam ydych chi'n hoffi mynd yno?
- Disgrifiwch y lle i weddill y grŵp.

**YSGRIFENNU**

Ysgrifennwch stori am eich hoff le.

- Sut fyddai'r stori'n dechrau?
- Beth fyddai'n digwydd yno?
- Pwy fyddai yno?
- Beth fyddai'n digwydd erbyn diwedd y stori?

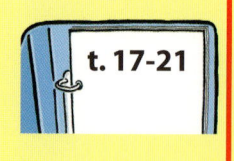

t. 17-21

# Uned 6 – BWYSTFILOD

Yn yr uned hon byddwch chi'n:

- Creu a pherfformio bwletin newyddion
- Ysgrifennu rhybudd
- Creu a pherfformio deialog

- Defnyddio berfau'r gorffennol
- Defnyddio ansoddeiriau wrth ddisgrifio
- Holi ac ateb cwestiynau'n gywir

Yn ystod yr uned hon byddwch chi'n dod ar draws y geiriau hyn. Gallwch ddefnyddio'r rhestr hon fel geiriadur yn ystod yr uned.

| | |
|---|---|
| anferth – mawr iawn, enfawr | hofrenydd – *helicopter* |
| bwystfil – anifail mawr, *beast* | lleol – ein hardal ni, *local* |
| bwystfilod – mwy nag un bwystfil | milfeddyg – un sy'n gwella anifeiliaid, *vet* |
| cath fawr – cath wyllt, fel teigr neu biwma | nerthol – cryf iawn |
| cathod – mwy nag un gath | peryglus – *dangerous* |
| cyfrwys – *sly* | rheibus – hoff o fwyta pethau |
| cyhyrog – cryf iawn, *muscular* | rhybudd – *warning* |
| disglair – llachar | rhyfedd – *strange* |
| erw – ffordd o fesur tir, *acre* | sgleiniog – rhywbeth sy'n disgleirio, *shiny* |
| gwyllt – ddim yn ddof, *wild* | ysgwydd – darn o'r corff, *shoulder* |
| gynnau – mwy nag un gwn | |

# CATHOD MAWR

- Beth ydy cath fawr?
- Ble mae cathod mawr yn byw?
- Ydyn nhw'n beryglus? Pam?
- Ydych chi erioed wedi gweld cath fawr? Ble?

Darllenwch y bwletin newyddion yma.

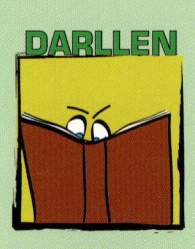

Heddiw, roedd menyw yn ardal Llandeilo yn credu ei bod hi wedi gweld anifail tebyg i biwma wrth iddi yrru adref o'r gwaith. Roedd hi wedi ffonio'r heddlu ac roedden nhw wedi anfon hofrenydd i chwilio am y gath fawr. Doedden nhw ddim wedi gweld dim byd wrth chwilio.

Yr wythnos ddiwethaf roedd gyrrwr tancer llaeth o ardal Ffairfach, Llandeilo yn dweud ei fod e hefyd wedi gweld cath fawr. Roedd yr heddlu wedi mynd yno â gynnau, ond doedd neb wedi dal dim. Mae ffermwyr lleol yn poeni y bydd y gath fawr yn dechrau lladd yr anifeiliaid ar y fferm.

Mae'r heddlu'n dweud wrth bawb am beidio â mynd yn agos at unrhyw anifail rhyfedd sy'n yr ardal, ac i ffonio'r heddlu yn syth. Mae'n debyg bod nifer o gathod gwyllt yn yr ardal ers blynyddoedd.

Yn yr 1970au roedd llawer o bobl yn cadw cathod mawr fel anifeiliaid anwes ond wedi hynny roedd rhaid talu arian am gael gwneud hynny. Roedd llawer o bobl yn rhyddhau'r cathod mewn coedwigoedd ac ers hynny maen nhw'n cael eu gweld yn gyson.

**DARLLEN**

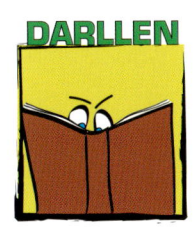

Mewn parau, darllenwch y bwletin yn uchel i'ch partner.

- Sut mae pobl sy'n darllen y newyddion yn siarad?

- Ceisiwch ddarllen y darn fel hyn.

- Beth am dapio'r bwletin er mwyn eich clywed eich hun yn darllen?

**YSGRIFENNU**

Ysgrifennwch a pherfformiwch fwletin newyddion.

**Sut?**

- Darllenwch y nodiadau am y digwyddiad.

- Ysgrifennwch y bwletin.

- Ydy'r bwletin yn glir i bawb?

- Mae angen i'r bwletin fod tua 45 eiliad o hyd.

- Mae angen i chi ymarfer dweud y bwletin yn uchel.

- Gallwch ymarfer gyda phartner a dweud y bwletin sawl gwaith ar ôl ei gilydd.

- Perfformiwch y bwletin i weddill y dosbarth.

- Gallwch chi gael rhywun i wneud cerddoriaeth neu ddangos lluniau wrth i chi ddweud y bwletin.

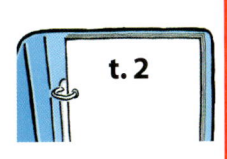

t. 2

# RHYBUDD!

## Ffeithiau a Digwyddiadau

- Diane Marshall yn byw ar fferm 10 erw, ym mhentref Talsarn ger Llanbedr Pont Steffan.
- Gweld anifail rhyfedd un noson.
- Llygaid mawr melyn ganddo.
- Clywed sŵn yr anifail yn chwyrnu.
- Bore wedyn, oen ar y fferm wedi marw.
- Coesau ac ysgwydd yr oen wedi eu cnoi i ffwrdd.
- Milfeddyg yn edrych ar gorff yr oen.
- Milfeddyg yn credu bod yr oen wedi cael ei ladd gan anifail gwyllt, rheibus.

**LLAFAR**

Rhaid i'r heddlu ddweud wrth bobl yr ardal am fod yn ofalus.

- Pam mae'r gath fawr yn beryglus?
- I bwy mae'r gath yn beryglus?
- Beth ddylai pobl ei wneud os ydyn nhw'n gweld y gath?
- A ddylai pobl geisio dal y gath neu ei saethu?

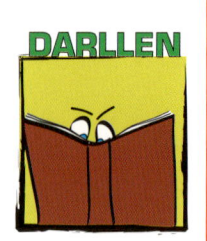

**DARLLEN**

Darllenwch y rhybudd yma mae'r heddlu wedi ei roi yn y papur lleol.

Ydych chi'n credu bod eisiau gwella'r rhybudd?

> Mae rhai pobl yn credu bod cath fawr yn yr ardal. Peidiwch â mynd yn agos at y gath. Ffoniwch yr heddlu ar unwaith.

**LLAFAR**

- Sut mae gwella'r rhybudd?
- Meddyliwch am bum ffordd o'i wella a gwnewch nodiadau byr.
- Dywedwch wrth weddill y dosbarth sut fyddech chi'n gwella'r rhybudd.

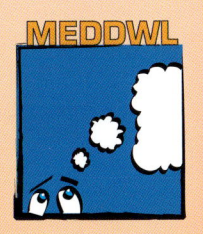

**MEDDWL**

Ail-ddrafftiwch y rhybudd.

Meddyliwch pa eiriau fyddwch chi'n eu defnyddio i wneud hyn.

**YSGRIFENNU**

Gwnewch yn siŵr fod y pethau yma yn eich rhybudd:

| | |
|---|---|
| • Rhybudd i bwy? | Dweud ble mae'r gath wedi cael ei gweld. |
| • Sut un ydy hi? | Rhoi disgrifiad manwl o'r gath. |
| • Beth ddylai pobl beidio â'i wneud? | Dweud wrth bobl i beidio â mynd yn agos. Peidio â cheisio dal y gath. Peidio â cheisio saethu'r gath. Beth arall? |
| • Beth ddylai pobl ei wneud? | Rhoi enw a rhif ffôn i bobl gysylltu ag e. |
| • Oes angen unrhyw wybodaeth arall? | Beth am roi map o'r ardal neu lun o'r gath wyllt ar y rhybudd? |

t. 3

UNED 6 • BWYSTFILOD

# SUT UN YDY'R GATH?

> **ANSODDAIR** ydy'r enw am air sy'n disgrifio.

Swydd ansoddair ydy **disgrifio** rhywbeth.

Sylwch beth sy'n digwydd i rai ansoddeiriau os ydych chi'n rhoi'r gair **'yn'** o'u blaenau.

Weithiau, rydyn ni'n gallu defnyddio'r gair **'fel'** i greu disgrifiad da hefyd.

Darllenwch y tri disgrifiad yma.

- Pa un sydd orau?

> Roedd y gath yn felyn ac roedd ei llygaid yn oren.

> Roedd y gath yn felyn fel tywod ac roedd ei llygaid yn oren

> Roedd y gath yn felyn fel tywod ac roedd ei llygaid oren fel mellt.

- Pa frawddeg wnaethoch chi ei dewis? Rhowch resymau i'ch partner.

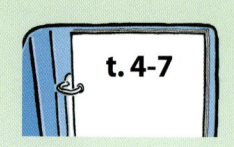

t. 4-7

**LLAFAR**

- Edrychwch ar y lluniau yma o gathod gwyllt.
- Meddyliwch am eiriau da i'w disgrifio.

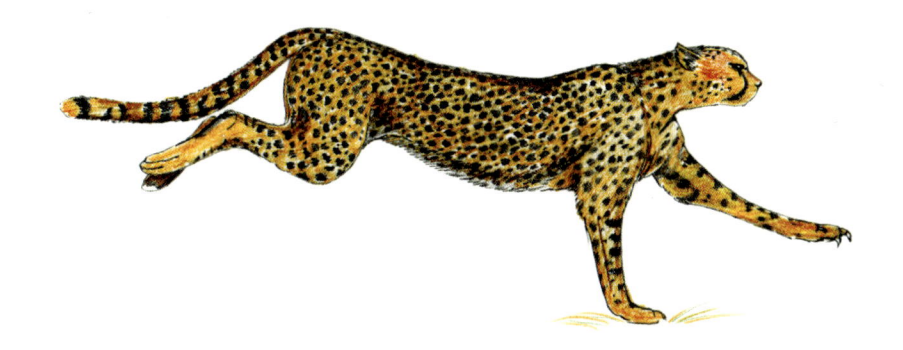

**Disgrifio cath wyllt**

Gallech chi ddefnyddio rhai geiriau fel hyn wrth ddisgrifio'r gath.

Ydych chi'n cofio'r gair am air sy'n disgrifio?

| Maint | yn fawr |
| --- | --- |
| | yn anferth |
| | yn fach |

| Llygaid | yn oren |
| --- | --- |
| | yn ddisglair |
| | yn greulon |

| Golwg | yn gryf |
| --- | --- |
| | yn gyhyrog |
| | yn sgleiniog |

| Lliw | yn felyn |
| --- | --- |
| | yn streipiog |
| | yn smotiog |

Allwch chi greu cymariaethau wedi i chi edrych ar y lluniau hyn?

| | |
|---|---|
| yn gyhyrog fel ... | yn sgleiniog fel ... |
| yn oren fel ... | yn gryf fel ... |
| yn gyflym fel ... | yn gyfrwys fel ... |

t. 8

# GWELD BWYSTFIL!

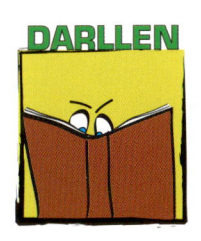

Mae'r ffermwr yma'n credu ei fod wedi gweld cath fawr wrth iddo fwydo ei ddefaid un noson. Mae'n dod i'r tŷ ac yn dweud wrth ei fab beth welodd e yn y caeau.

*Ffermwr (yn ofnus):* Ifan, ble rwyt ti?

*Mab:* Dw i fan hyn, Dad. Wyt ti'n iawn?

*Ffermwr:* Ydw. Ond dw i newydd weld peth rhyfedd iawn.

*Mab:* Beth, Dad?

*Ffermwr:* Wel, alla i ddim dweud yn iawn. Roedd e'n debyg i gath.

*Mab:* Dydy gweld cath ddim yn od.

*Ffermwr:* Roedd y gath yma yn od iawn. Roedd hi'n anferth ac roedd hi'n edrych fel bwystfil!

*Mab:* Fel bwystfil? Dad, rwyt ti'n dechrau gweld pethau. Wyt ti'n siŵr mai cath fawr oedd yno?

*Ffermwr:* Ydw, wir. Gwelais i ddwy lygad oren yn edrych arna i o'r tywyllwch. Pan es i i weld beth oedd yno gwelais i gath fawr yn rhedeg fel y gwynt.

*Mab:* Oes syniad gyda ti pa fath o gath oedd hi?

*Ffermwr:* Nac oes. Dydw i ddim yn siŵr ond roedd hi'n edrych yn debyg i biwma – roedd ei chot yn dywyll ac yn sgleiniog iawn.

*Mab:* Beth am fynd allan i chwilio amdani?

*Ffermwr:* Na! Dydw i ddim yn mynd yn agos ati!

*Mab:* Rydw i'n mynd i nôl y gwn.

*Ffermwr:* Na, paid! Dw i'n mynd i ffonio'r heddlu nawr.

t.9

## YSGRIFENNU

Ffoniwch yr heddlu a dweud beth sydd wedi digwydd.

Beth sydd angen ei ddweud yn y sgwrs ffôn?

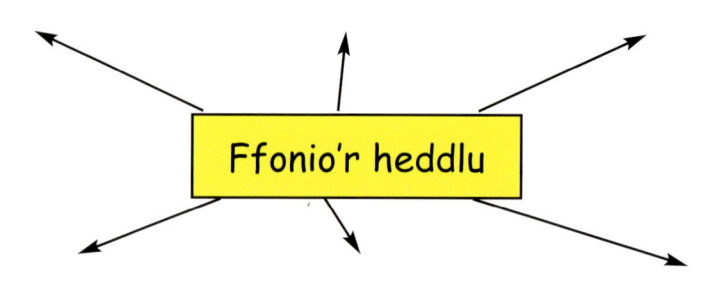

Ffonio'r heddlu

Edrychwch ar y sgwrs rhwng y ffermwr a'i fab.

- Mae '?' ar ddiwedd bob cwestiwn
- Mae eisiau defnyddio'r ffurf gywir wrth ateb

  e.e. Ydw, Oes, Ie

Edrychwch ar y grid yma:

| Cwestiwn | Ateb |
|---|---|
| • Wyt ti'n ofnus? | Ydw |
| • Ydych chi'n ofnus? | Nac ydw |
| • Oes defaid ar y caeau? | Oes |
|  | Nac oes |
| • Ydy'r gath yn fawr? | Ydy |
|  | Nac ydy |

Beth am ymarfer ateb yn gywir gyda'r cwestiynau yma:

1. Wyt ti'n byw mewn byngalo?
2. Oes anifail anwes gyda ti?
3. Ydy Caerdydd yn bell o dy gartref di?
4. Ydych chi'n ddosbarth tawel?
5. Oes brawd gyda ti?

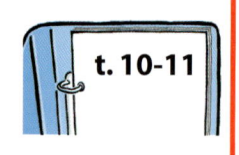

t. 10-11

# Uned 7 – YR WYDDFA

Yn yr uned hon byddwch chi'n:

- Mynegi barn mewn grwpiau
- Disgrifio lluniau
- Gorffen stori

- Defnyddio geirfa mynegi barn
- Defnyddio ansoddeiriau a chymariaethau
- Treiglo ar ôl 'i' ac 'o'

Yn ystod yr uned hon byddwch chi'n dod ar draws y geiriau hyn. Gallwch ddefnyddio'r rhestr hon fel geiriadur yn ystod yr uned.

| | |
|---|---|
| anial – dim llawer yn tyfu yno | moel – dim llawer yn tyfu yno |
| copa – man uchaf y mynydd | Parc Cenedlaethol – lle i gadw byd natur yn ddiogel, *National Park* |
| cyfyngu – lleihau nifer y bobl | |
| dall – ddim yn gallu gweld | |
| egni – nerth, *energy* | prin – dim llawer ar gael |
| enwog – pawb yn gwybod amdano | wrth droed – ar waelod |
| eryr(od) – aderyn mawr, *eagle(s)* | ymweld – mynd yno, *visit* |
| garw – tir gwael | yr Eidal – gwlad yn Ewrop, *Italy* |
| golygfa – beth ydych chi'n ei weld, *view* | |
| gwreiddiol – yr un cyntaf | |

t. 2

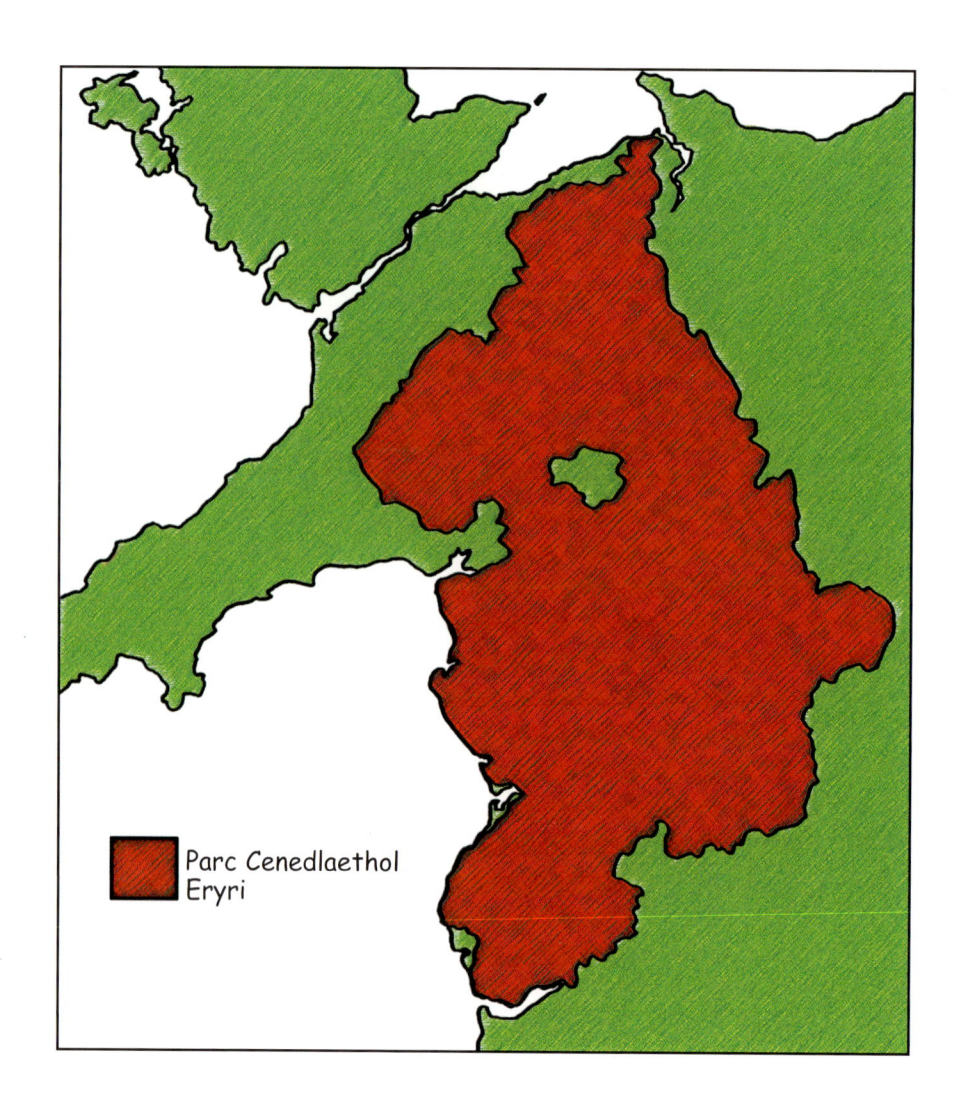

## YR WYDDFA

Mae mynydd yr Wyddfa'n rhan o Barc Cenedlaethol Eryri. Cafodd Parc Cenedlaethol Eryri ei agor yn 1951. Mae nifer fawr o fynyddoedd uchel yn y Parc, fel mynyddoedd y Carneddau a'r Glyderau. Y mynydd mwyaf enwog ydy'r Wyddfa, sef y mynydd uchaf yng Nghymru a Lloegr. Mae'r Wyddfa 1,085 metr yn uwch na lefel y môr. Flynyddoedd yn ôl roedd eryrod yn arfer byw yn y mynyddoedd hyn, a dyna pam mae'r ardal yn cael ei galw'n 'Eryri'. Ystyr Yr Wyddfa ydy 'bedd'. Mae nifer fawr o anifeiliaid a blodau prin yn byw ar y mynydd. Un o'r blodau ydy lili'r Wyddfa. Ar ddiwrnod clir gallwch weld Ynys Manaw a mynydd Wicklow yn Iwerddon o gopa'r Wyddfa. Wrth droed yr Wyddfa mae Llyn Peris a phentref Llanberis.

**LLAFAR**

- Ble mae'r Wyddfa?

- Pa fynyddoedd eraill sydd yn agos i'r Wyddfa?

- Pa mor uchel ydy'r Wyddfa?

- Pam mae'r ardal yn cael ei galw'n 'Eryri'?

- Beth sydd yn byw ar y mynydd?

- Beth allwch chi ei weld o gopa'r Wyddfa?

- Beth sydd wrth droed yr Wyddfa?

**MEDDWL**

Beth sydd mewn enw?

Yr Wyddfa   -   mae rhai'n ei alw'n 'Snowdon'
Eryri       -   mae rhai'n ei alw'n 'Snowdonia'

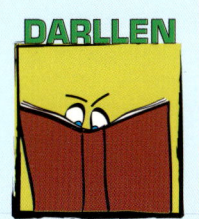

**DARLLEN**

Mae pobl wedi defnyddio'r enwau 'Eryri' ac 'Yr Wyddfa' ers dros 1,500 o flynyddoedd. Pan ddaeth pobl i ymweld â'r ardal tua dau gan mlynedd yn ôl y dechreuodd y Saeson eu galw'n 'Snowdonia' a 'Snowdon'. Mae rhai yn dweud mai dim ond yr enwau 'Eryri' ac 'Yr Wyddfa' y dylai pobl eu defnyddio, yn lle'r enwau Saesneg. Yn Awstralia, mae craig enwog iawn o'r enw 'Ayres Rock'. Mae rhai pobl yn Awstralia'n credu y dylai pawb alw'r graig wrth ei henw gwreiddiol, 'Uluru'.

**MEDDWL**

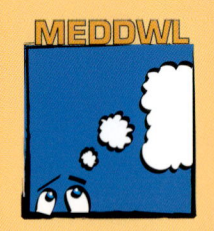

**Beth ydy eich barn chi?**
**A ddylai'r Wyddfa ac Eryri gael enwau Saesneg hefyd?**

*[Arwyddion: Uluru / Ayers Rock; ERYRI / SNOWDONIA; MUMBAI / BOMBAY]*

**LLAFAR**

Dywedwch eich barn wrth eich grŵp.
Ydych chi'n cytuno neu'n anghytuno â barn gweddill y grŵp?

Cofiwch roi **rheswm** dros eich barn.

t. 3-5

e.e. Rydw i'n credu y dylai pawb ddweud 'Yr Wyddfa' ac nid 'Snowdon' <u>achos</u> …

**MEDDWL**

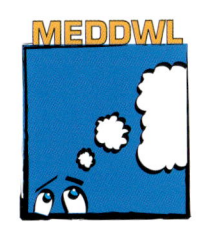

Edrychwch ar y lluniau yn ofalus. Mae un yn dangos copa'r Wyddfa yn yr haf ac un yn dangos copa'r Wyddfa yn y gaeaf.

- Beth sydd **yn debyg** yn y ddau lun?
- Beth sydd **yn wahanol** rhwng y ddau lun?

| Tebyg | Gwahanol |
|---|---|
|  |  |
|  |  |
|  |  |

UNED 7 • YR WYDDFA

**LLAFAR**

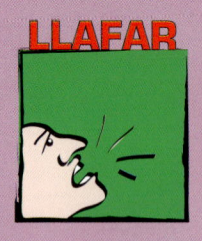

Disgrifiwch y ddau lun i'ch partner.

Beth am ddefnyddio rhai o'r geiriau hyn wrth ddisgrifio?

| copa | llethr | garw |
| moel | cymylog | anial |
| serth | creigiog | mawreddog |

t. 6-7

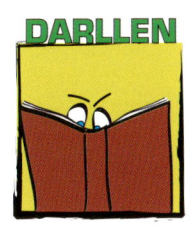

## CYRRAEDD Y COPA

Roedd Siôn yn gallu gweld y copa'n dod yn nes bob eiliad. Doedd e ddim yn gallu gweld dim byd arall o'i flaen. Roedd ei egni i gyd yn diflannu'n araf. Roedd e wedi blino'n ofnadwy. Rhaid oedd mynd ymlaen.

Cyrraedd copa'r Wyddfa oedd ei freuddwyd. A dyma fe. Bron iawn â chyrraedd. Gallai daflu carreg ac fe fyddai'n cyrraedd copa'r Wyddfa. Dyna pa mor agos oedd e. Roedd e wedi bod yn ymarfer ers misoedd er mwyn gweld yr olygfa hon. Yn sicr, roedd yr olygfa'n werth ei gweld. Creigiau garw ar bob ochr a'r copa'n serth o'i flaen. Roedd fel petai'r copa'n chwerthin am ei ben, yn dweud wrtho na fyddai byth yn ei goncro. Doedd e ddim yn mynd i roi'r gorau iddi nawr; roedd Siôn yn benderfynol o lwyddo.

Roedd yn gafael yn y graig â'i ddeg ewin ac yn codi'i hun ymlaen. Roedd hi'n dawel fel y bedd yno, a'r unig sŵn oedd anadlu trwm Siôn. Gallai weld y niwl yn araf ledu ei fysedd gwyn ond roedd Siôn yn gobeithio y byddai'r niwl yn cadw'i bellter am ychydig bach eto. Doedd dim byd mwy peryglus i ddringwr na niwl. Roedd y niwl yn gwneud dyn yn ddall; fyddai neb yn gallu gweld blaen ei drwyn yng nghanol niwl copa'r Wyddfa.

Ymlaen ag ef; dim ond ychydig eto ac fe fyddai Siôn wedi cyrraedd y copa.

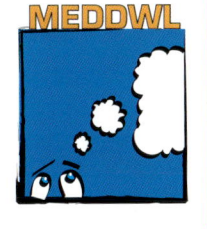

- Beth ydych chi'n ei gredu fydd yn digwydd nesaf?

Trafodwch yr opsiynau yn eich grwpiau.

|  | Beth ydy'r syniad? | Pethau da am y syniad | Pwy sy'n hoffi'r syniad? |
|---|---|---|---|
| Syniad 1 |  |  |  |
| Syniad 2 |  |  |  |
| Syniad 3 |  |  |  |

Cytunwch ar un syniad.

**YSGRIFENNU**

Yn eich grŵp gorffennwch y stori 'Cyrraedd y Copa'.

- Ysgrifennwch dri pharagraff arall i'r stori.

- Cofiwch osod Prif Lythyren ar ddechrau pob brawddeg.

- Cofiwch osod Prif Lythyren wrth enwi pobl a llefydd e.e. Siôn, yr Wyddfa.

- Cofiwch atalnod llawn (.) ar ddiwedd pob brawddeg.

t. 10-12

**DARLLEN**

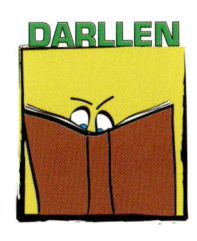

Ydych chi erioed wedi clywed am Ras yr Wyddfa?
Dyma ychydig o wybodaeth i chi.

**Ras yr Wyddfa**

Yn 1976 cafodd dyn o'r enw Ken Jones, o Lanberis, syniad arbennig. Roedd e eisiau trefnu ras o bentref Llanberis i gopa mynydd yr Wyddfa ac yn ôl. Ychydig o redwyr ddaeth i'r ras gyntaf, a'r enillydd oedd dyn o'r enw Dave Francis o Fryste. Rhedodd i gopa'r Wyddfa ac yn ôl mewn 1 awr, 12 munud a 5 eiliad. Daeth mwy a mwy i redeg y ras bob blwyddyn, ac erbyn heddiw mae'n rhaid cyfyngu ar nifer y rhedwyr am fod gormod o bobl eisiau cymryd rhan. Mae rhedwyr o'r Eidal yn dod yr holl ffordd i Lanberis bob blwyddyn er mwyn cael cymryd rhan yn y ras. Ydych chi'n adnabod rhywun sydd wedi rhedeg yn Ras yr Wyddfa? Hoffech chi redeg yn y ras?

**LLAFAR**

- Syniad pwy oedd y ras?
- Pwy oedd y cyntaf i ennill y ras?
- Faint o amser gymerodd yr enillydd i gyrraedd y copa?
- Ydy pobl yn dod o bell i redeg yn y ras?
- Hoffech chi redeg yn y ras? Pam?

Chwiliwch am fwy o wybodaeth Gymraeg am Ras yr Wyddfa ar wefan www.gwgl.com

**YSGRIFENNU**

Mae angen i chi greu poster yn hysbysebu Ras yr Wyddfa.

Cofiwch y wybodaeth yma:

- Mae angen dyddiad ym mis Gorffennaf.

- Mae'n rhaid i'r rhedwyr gofrestru am 1.30 y prynhawn.

- Mae Canolfan Wybodaeth y ras wrth y llinell gychwyn.

- Mae'r rhedwyr yn cael defnyddio ystafelloedd newid clwb pêl-droed Llanberis.

- Mae'r ras yn cychwyn ym Mharc Padarn, Llanberis.

- Mae'n rhaid i'r rhedwyr ddilyn y prif lwybr o Lanberis i gopa'r Wyddfa.

- Mae cinio yn y nos mewn gwesty yn Llanberis.

**Beth sy'n gwneud poster da?**

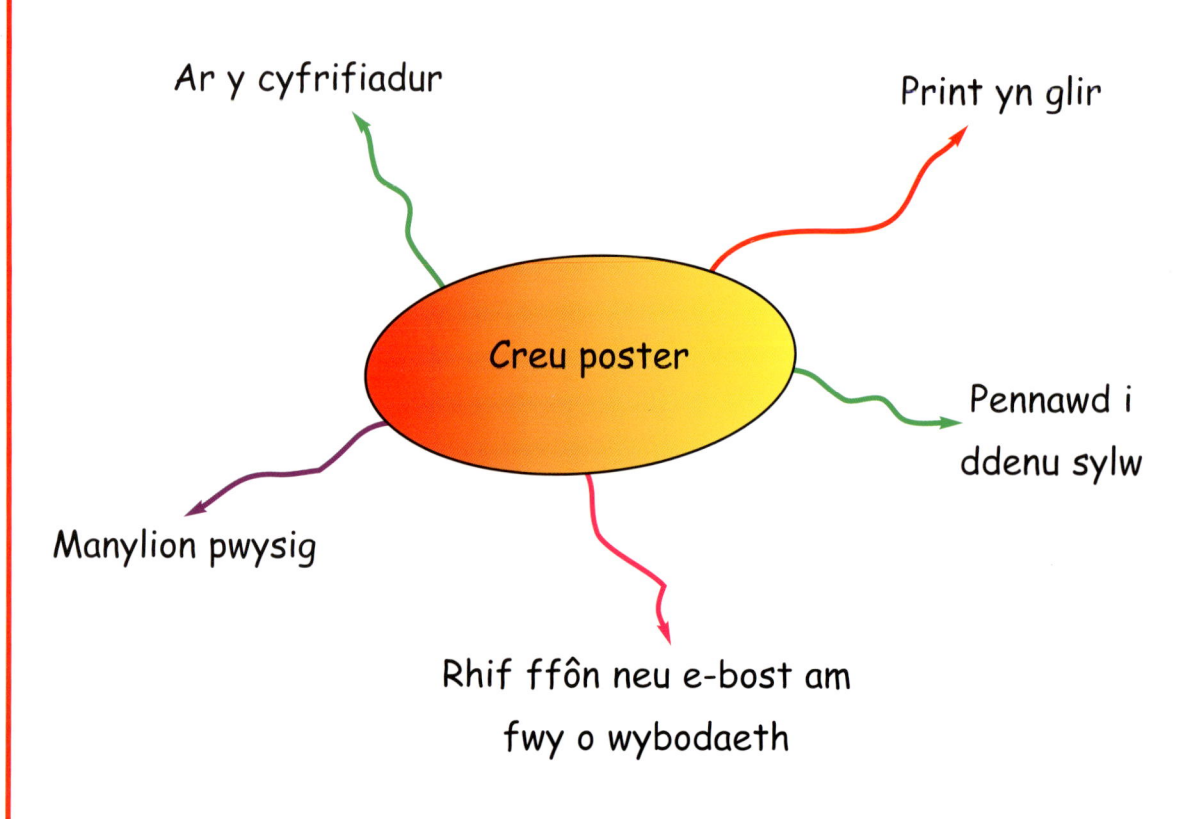

Creu poster
- Ar y cyfrifiadur
- Print yn glir
- Pennawd i ddenu sylw
- Rhif ffôn neu e-bost am fwy o wybodaeth
- Manylion pwysig

t. 13

# Uned 8 – Y MÔR PERYGLUS

Yn yr uned hon byddwch chi'n:

• Chwarae rôl

• Casglu ffeithiau

• Ysgrifennu adroddiad papur newydd

• Defnyddio berfau'r gorffennol yn gywir
• Treiglo ar ôl 'i' ac 'o'
• Cymharu ansoddeiriau

Yn ystod yr uned hon byddwch chi'n dod ar draws y geiriau hyn. Gallwch ddefnyddio'r rhestr hon fel geiriadur yn ystod yr uned.

bad achub – cwch sy'n achub pobl o'r môr, *lifeboat*

cyflwr sefydlog – ddim yn newid

cyfraniad(au) – arian sydd yn cael ei roi tuag at rywbeth

difrifol – yn wael iawn

ffôn symudol – ffôn bach sy'n cael ei gario o le i le

gohebydd radio – person sy'n cyflwyno rhaglen radio

gorsaf(oedd) – lle i gadw'r badau achub

Gweriniaeth Iwerddon - *Republic of Ireland*

gwylwyr y glannau – pobl sy'n achub pobl o'r môr, *coastguards*

hwyliog – pawb wedi cael hwyl

llifogydd – llawer o law ar y ddaear, *flooding*

llofnodi – ysgrifennu eich enw, *autograph*

llygad-dyst – un sydd wedi gweld popeth, *eyewitness*

Y Deyrnas Unedig – Cymru, Lloegr, yr Alban a Gogledd Iwerddon

Ynys Manaw – *Isle of Man*

**LLAFAR**

- Ydych chi wedi gweld neu glywed sôn am achub rhywun o'r môr?
- Beth ddigwyddodd?

**DARLLEN**

Darllenwch yr adroddiad papur newydd hwn.

### ACHUB BACHGEN O'R MÔR

Mae bachgen 15 oed yn yr ysbyty ar ôl treulio hyd at chwarter awr o dan ddŵr ddydd Llun.

Daw'r bachgen o Dde Cymru, ac roedd yn syrffio ym Mhorth Neigwl, Pen Llŷn, pan syrthiodd i'r môr.

Cafodd ei achub o'r dŵr gan hofrenydd y Llu Awyr. Neidiodd syrffiwr arall i geisio achub y bachgen a gafodd ei gludo gan yr hofrenydd i Ysbyty Gwynedd, Bangor. Dywedodd Heddlu'r Gogledd ei fod mewn cyflwr sefydlog ond difrifol.

Yn ôl un o wylwyr y glannau roedd y bachgen wedi bod yn "hynod ffodus" bod yr hofrenydd mor agos wrth iddo ddychwelyd o dasg arall. Maen nhw'n dweud hefyd bod y bachgen yn ffodus bod y môr yn glir y diwrnod hwnnw a bod yr hofrenydd yn gallu gweld ei gorff 3.7 metr o dan y dŵr.

"Dyma fachgen ffodus iawn," dywedodd rheolwr gwylio Gwylwyr y Glannau.

"Roedd yr hofrenydd yn agos iawn i'r lleoliad ac fe lwyddon nhw i'w achub yn sydyn. Doedd y bachgen ddim yn gwisgo siaced achub."

**YSGRIFENNU**

- Faint ydy oedran y bachgen gafodd ei achub?
- Beth oedd e'n ei wneud yn y môr?
- Ble gafodd y bachgen y ddamwain?
- Sut gafodd e ei achub o'r môr?
- Pam oedd y bachgen yn ffodus?
- Ydy gwisgo siaced achub yn bwysig? Pam?

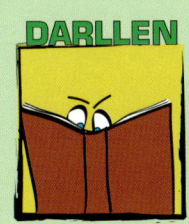

**DARLLEN**

Darllenwch y cyfweliad yma gyda'ch partner. Mae'r dyn sy'n cael ei gyfweld wedi bod yn llygad-dyst i'r digwyddiad.

| | |
|---|---|
| Gohebydd Radio: | Gyda fi fan hyn mae Ifan Williams. Ifan, beth welsoch chi? |
| Ifan Williams: | Wel, roedd criw o fechgyn ifanc yn syrffio ar y môr. Roedd hi'n ddiwrnod braf ac roedd pawb yn mwynhau. |
| Gohebydd Radio: | A beth ddigwyddodd wedyn? |
| Ifan Williams: | Clywais i fechgyn yn gweiddi. Edrychais a gwelais bod un bwrdd syrffio â neb arno. |
| Gohebydd Radio: | Beth wnaethoch chi? |
| Ifan Williams: | Rydw i'n cario ffôn symudol i bob man, felly ffoniais 999 a gofyn am gael siarad â Gwylwyr y Glannau. Cyn pen dim, roedd yr hofrenydd yma i'w achub. |
| Gohebydd Radio: | Diolch Ifan Williams. Deallwn fod y bachgen yn gwella yn Ysbyty Gwynedd. |

**DARLLEN**

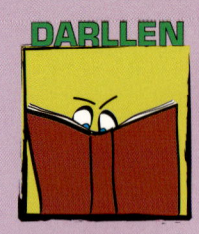

Mewn parau, mae angen i chi ymarfer dweud y sgwrs.

Cofiwch:

- Siarad yn glir ac yn uchel
- Siarad yn araf gan ddweud pob gair
- Codi'ch llais ar ddiwedd cwestiwn

**LLAFAR**

Mewn parau, gwnewch sgwrs debyg i hon.

Bydd angen:

- Penderfynu beth sydd wedi digwydd
- Penderfynu pwy ydy'r gohebydd a phwy ydy'r llygad-dyst

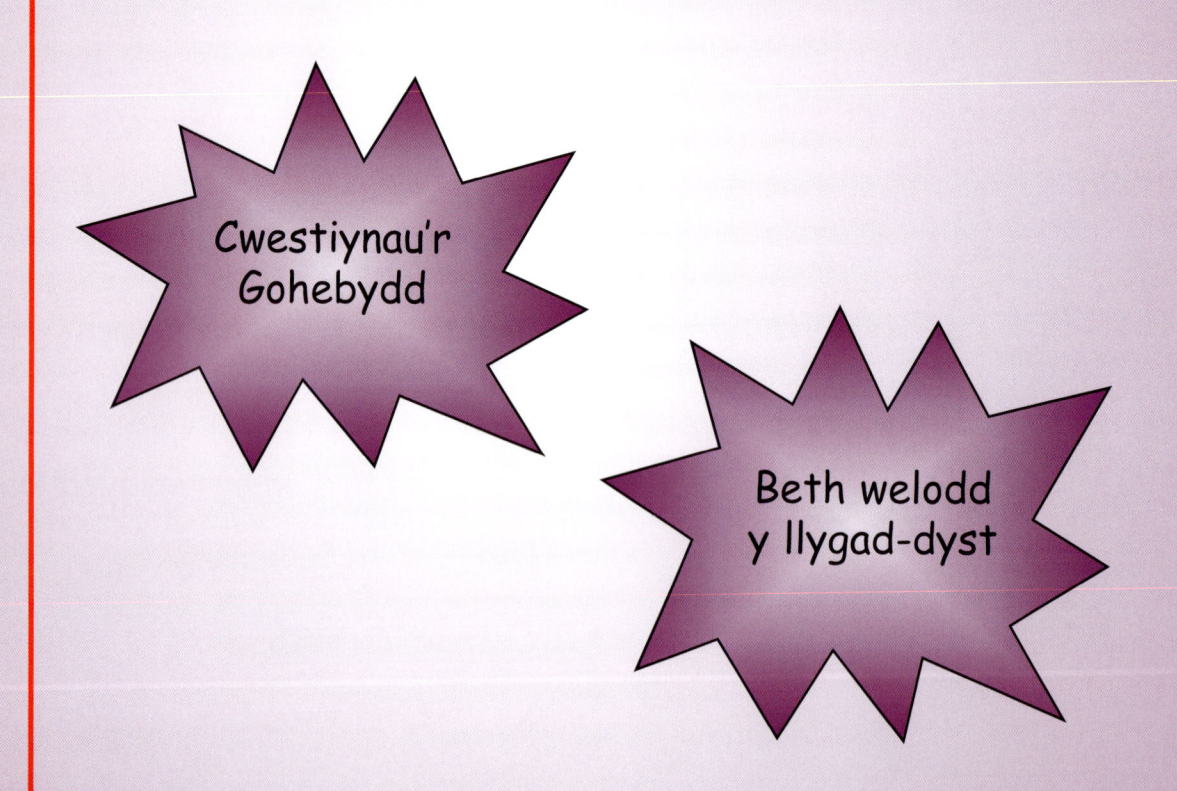

Cwestiynau'r Gohebydd

Beth welodd y llygad-dyst

- Bydd angen i'r Gohebydd roi agoriad a chlo i'r cyfweliad

t. 2-3

Agoriad    >    "Gyda fi fan hyn mae . . ."
Clo        >    "Deallwn fod . . ."

# RNLI

Mae'r RNLI yn achub bywydau pobl sy'n mynd i drafferth ar y môr. Yn y Gymraeg, enw'r RNLI ydy Sefydliad Cenedlaethol Brenhinol y Bad Achub. Mae pobl yn barod i fynd i'r môr yn y badau achub 24 awr y dydd drwy'r flwyddyn. Mae gan yr RNLI 31 o orsafoedd bad achub yng Nghymru a 227 drwy'r Deyrnas Unedig a Gweriniaeth Iwerddon.

Cafodd yr RNLI ei sefydlu yn 1824 gan ddyn o'r enw Syr William Hillary. Roedd Syr William Hillary'n byw ar Ynys Manaw ac yn gweld llawer o bobl yn boddi bob blwyddyn, pobl fel pysgotwyr oedd yn mynd i drafferth ar y môr.

Yn 1824 roedd un bad achub yng Nghymru, sef yn Abergwaun, ac yn 1828 daeth bad achub i Gaergybi ac un i Moelfre yn 1830. Mae gorsafoedd Caergybi a Moelfre'n brysur iawn hyd heddiw ac mae'r criwiau hyn wedi ennill nifer o wobrau pwysig am eu dewrder. Mae'r RNLI yn helpu pan fod llifogydd drwg yn digwydd hefyd, gan ddefnyddio'r badau achub bach ar afonydd.

Yn 1969 daeth y ferch gyntaf erioed yn aelod o griw bad achub Coleg yr Iwerydd ym Mro Morgannwg.

Mae'r RNLI yn dibynnu'n llwyr ar gyfraniadau er mwyn cynnal y gwasanaeth. Mae pobl Cymru'n codi dros filiwn o bunnoedd bob blwyddyn i helpu talu cost cynnal y badau achub.

Gallwch ddod o hyd i fwy o wybodaeth am yr RNLI ar www.rnli.org.uk

**YSGRIFENNU**

Chwiliwch am y wybodaeth a llenwch y grid yma.

### RNLI

| | |
|---|---|
| Sefydlu yn? | |
| Gan bwy? | |
| Pam? | |
| Sawl gorsaf yng Nghymru? | |
| Sawl gorsaf yn y Deyrnas Unedig a Gweriniaeth Iwerddon? | |
| Arian? | |

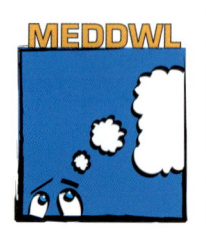

**MEDDWL**

Mae'r RNLI yn dibynnu'n llwyr ar bobl fel ni i godi arian i gynnal y gwasanaeth.

Allwch chi feddwl am dair ffordd o gasglu arian?

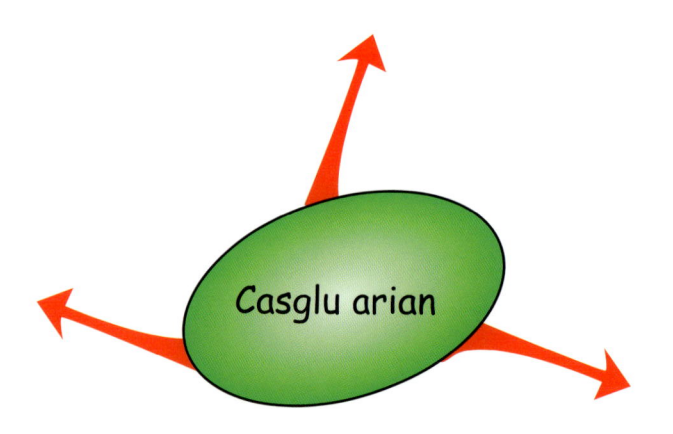

Casglu arian

UNED 8 • Y MÔR PERYGLUS

**LLAFAR**

Edrychwch ar y tri syniad am ddigwyddiad o'ch rhestr gan drafod fel hyn:

|  | Digwyddiad 1 | Digwyddiad 2 | Digwyddiad 3 |
|---|---|---|---|
| Faint o bobl? |  |  |  |
| Faint o arian? |  |  |  |
| Faint o hwyl? |  |  |  |

Mewn parau, mae eisiau i chi benderfynu ar un ffordd o godi arian i'r RNLI.

Bydd angen i chi feddwl am y pethau hyn hefyd:

- Ble fydd y digwyddiad yn cael ei gynnal?

- Pwy mae angen cysylltu â nhw i wneud y trefniadau?

- Beth sydd angen ei wneud i hysbysebu'r digwyddiad?

**YSGRIFENNU**

Mae angen i chi ysgrifennu adroddiad byr i'r papur newydd yn sôn am eich digwyddiad i godi arian.

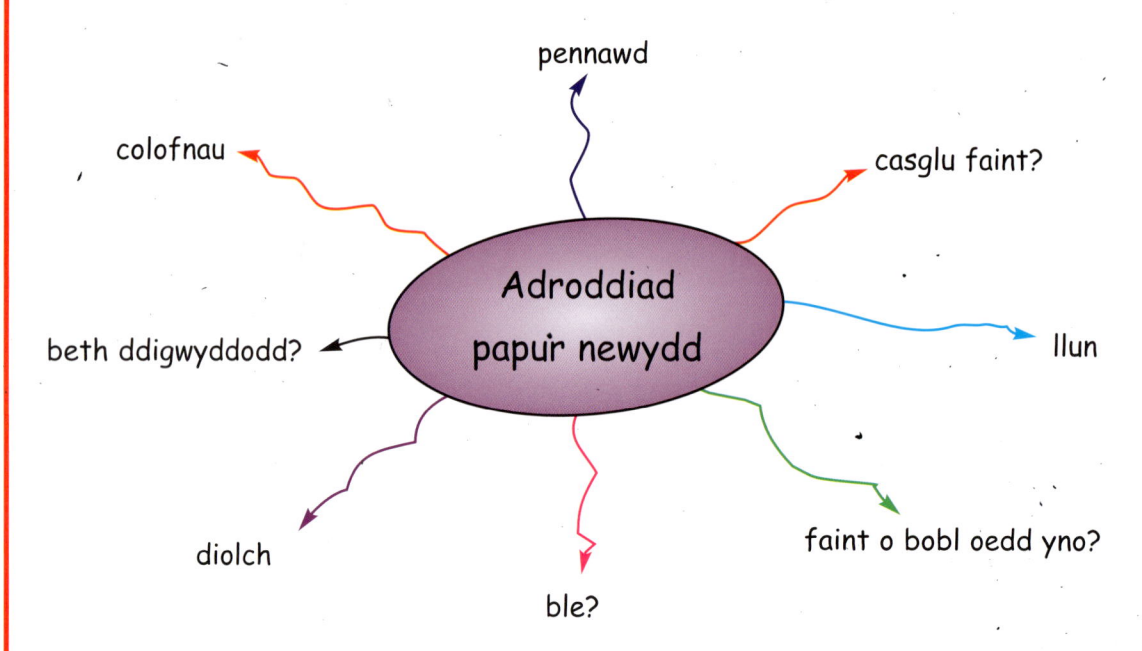

- pennawd
- colofnau
- casglu faint?
- beth ddigwyddodd?
- llun
- diolch
- ble?
- faint o bobl oedd yno?

**Adroddiad papur newydd**

**DARLLEN**

Darllenwch yr adroddiad papur newydd yma cyn i chi ddechrau ysgrifennu eich adroddiad chi.

## CEFNOGI YSBYTY

Roedd llawer iawn o bobl o bentref Maesgwyn wedi trefnu digwyddiad i godi arian i brynu peiriant newydd i'r ysbyty lleol. Mae gan nifer o bobl yn y pentref berthnasau neu maen nhw'n adnabod pobl sydd wedi bod yn sâl yn ddiweddar. Roedden nhw eisiau codi arian i helpu'r bobl yma i wella'n gynt yn yr ysbyty.

Roedd pawb wedi dod i dafarn y 'Ship' ar gyfer ocsiwn o bethau diddorol. Roedd llawer o gwmnïau a phobl leol wedi rhoi nifer fawr o bethau i'r ocsiwn. Roedd disgwyl i rai o'r pethau gael eu gwerthu am bris mawr.

Daeth tua cant o bobl i gefnogi'r noson. Mr. Alun Evans o gwmni'r Brodyr Evans oedd yn gwerthu.

Dywedodd Mr. Evans, "Roedd hi'n noson hwyliog iawn a gododd arian tuag at achos da."

Prynodd Mr. Ioan Thomas, perchennog tafarn y 'Ship', bêl-droed oedd wedi cael ei llofnodi gan aelodau o dîm pêl-droed Cymru. Dyma Mrs. Mair Rees yn prynu gwasanaeth dyn oedd yn mynd i lanhau ffenestri'r tŷ bob wythnos. "Rydw i'n edrych ymlaen yn fawr at ei weld," meddai hi.

Dywedodd Mrs. Mari Jones o bwyllgor codi arian Maesgwyn fod dros £1,500 wedi ei gasglu.

Mae'r pwyllgor am ddiolch i bawb am gefnogi'r noson. Bydd yr elw'n mynd at gronfa cancr ysbyty Maesgwyn.

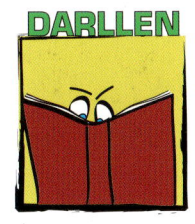

Darllenwch yr adroddiad am y digwyddiad codi arian ym mhentref Maesgwyn.

Rhowch gylch o amgylch pob 'i' ac 'o' sydd yn yr adroddiad.

Sawl un sydd yno?

Beth sy'n digwydd i'r geiriau sydd yn dod ar ôl 'i' ac 'o'?

## Y TREIGLAD MEDDAL

Rydyn ni'n galw geiriau bach fel 'i' ac 'o' yn **ARDDODIAID**. Mae'r geiriau bach hyn yn bwysig iawn.

| Llythyren | Gair heb ei dreiglo | Llythyren yn newid i ... | Gair wedi ei dreiglo |
|---|---|---|---|
| p | pobl | b | o **b**obl |
| t | talu | d | i **d**alu |
| c | cael | g | i **g**ael |
| b | bod | f | o **f**od |
| d | diddordeb | dd | o **dd**iddordeb |
| g | gwallt | 'g' yn diflannu | o wallt |
| ll | llawer | l | i lawer |
| m | mynd | f | i **f**ynd |
| rh | rhifau | r | o rifau |

Rhowch bob un mewn brawddeg, e.e.

| 1. | o bobl | Roedd llawer o **b**obl yn y dref. |
|---|---|---|
| 2. | i dalu | |
| 3. | i gael | |
| 4. | o fod | |
| 5. | o ddiddordeb | |
| 6. | o wallt | |
| 7. | i lawer | |
| 8. | i fynd | |
| 9. | o rifau | |

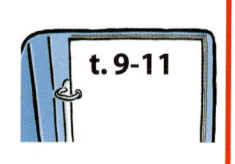

t. 9-11

# Uned 9 – Y GOFOD

Yn yr uned hon byddwch chi'n:

- Ysgrifennu cerdd
- Cyflwyno deialog i'r dosbarth
- Llenwi ffeithffeil

- Treiglo ar ôl 'i' ac 'o'
- Creu cymariaethau
- Holi ac ateb cwestiynau'n gywir

Yn ystod yr uned hon byddwch chi'n dod ar draws y geiriau hyn. Gallwch ddefnyddio'r rhestr hon fel geiriadur yn ystod yr uned.

amgueddfa – lle i gadw gwybodaeth am hanes
anhygoel – mwy na gwych!
canolfan ofod – *space centre*
creigiau'n gwibio – creigiau yn hedfan drwy'r gofod, *meteors*
cyflwyniad – siarad a rhoi gwybodaeth i bobl
cyfrinach, cyfrinachau – rhywbeth does neb arall yn ei wybod
cynllunio / cynlluniau – *design(s)*
diarth – ddim yn gyfarwydd i chi
gofodwr / gofodwyr – person neu bobl sy'n mynd i'r gofod

Groegiaid – pobl sy'n byw yng ngwlad Groeg
gwyddonwyr – pobl â llawer o wybodaeth am wyddoniaeth
llong(au) (g)ofod – roced sy'n cario pobl i'r gofod
pwynt rhewi – mae dŵr yn rhewi o dan y pwynt hwn
radio lloeren – radio arbennig i gysylltu â'r ddaear
safleoedd lawnsio – lle arbennig i'r llong ofod gael ei lawnsio
seren wib – *shooting star*
tymheredd – *temperature*
ymweld – mynd yno

t.2

**LLAFAR**

**Unol Daliaethau America**

Houston • • Canolfan Ofod Kennedy

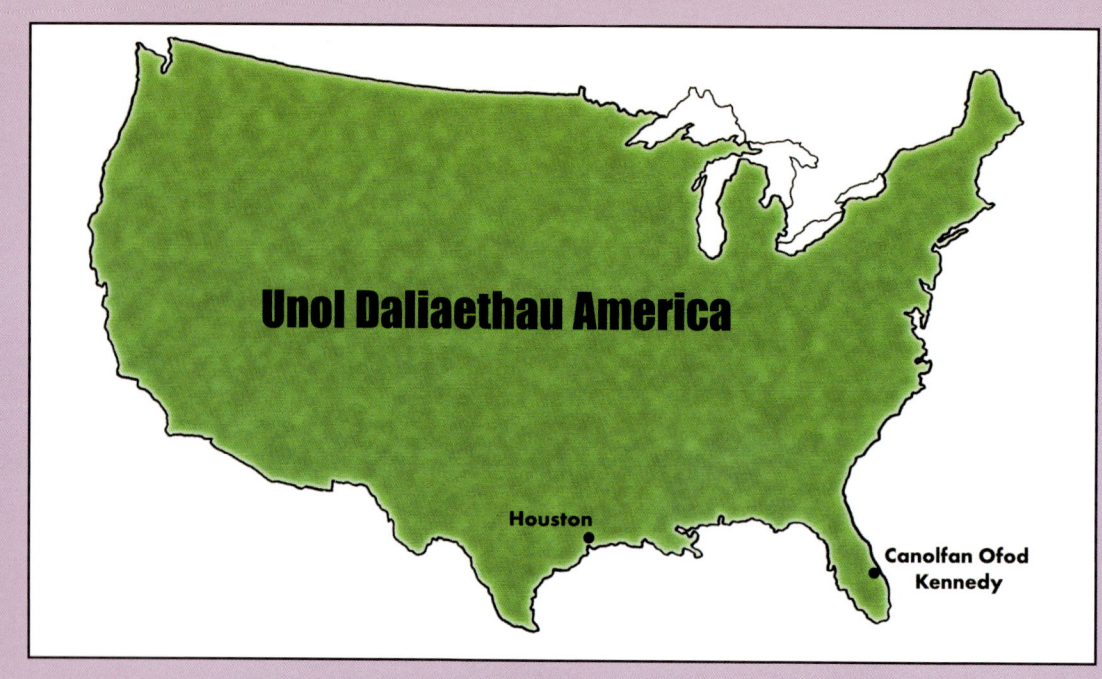

- Edrychwch ar y map.
- Dyma lle mae dwy o ganolfannau NASA.
- Ydych chi'n gwybod beth sy'n digwydd yno?
- Gallwch edrych ar y We i gasglu mwy o wybodaeth am NASA.

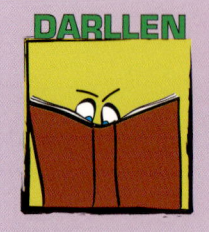

**DARLLEN**

Mae NASA'n gwahodd disgyblion ysgol yno'n aml. Mae'r disgyblion yn cael eu dewis o bob man dros y byd. Dyma ran o ddyddiadur merch o'r enw Mererid a aeth i NASA gyda chriw o ddisgyblion eraill. Roedden nhw yno i fwynhau, ond i weithio hefyd!

### Dydd 1

*Waw! Am ddechrau i'r wythnos. Ces i ginio gyda rhai o'r gofodwyr, yna mynd o amgylch Canolfan Ofod Kennedy. Mae'r tywydd yn boeth iawn yma. Aethon ni i'r 'Vehicle Assembly Building' lle mae'r llongau gofod yn cael eu hadeiladu. Yn yr adeilad yma mae'r faner Americanaidd fwyaf yn y byd.*

### Dydd 2

*Aethon ni i weld amgueddfa am y gofod heddiw. Roedd yn wych! Roedd lluniau'r gofodwyr dewr yno. Roedd rhai ohonyn nhw wedi marw mewn damweiniau ofnadwy. Yn y prynhawn aethon ni i barc thema 'Sea World' i ymlacio ychydig. Gwnes i gyffwrdd â siarc yno!*

## Dydd 3

Y diwrnod gorau erioed! Aethon ni ar daith o amgylch Canolfan Ofod Kennedy. Cawson ni weld rhannau o'r Ganolfan does neb arall yn cael eu gweld fel arfer. Roedd gweld y safleoedd lawnsio yn brofiad gwych.

## Dydd 4

Dechrau ar y gwaith heddiw! Es i a'r criw i Houston, i Ganolfan Reoli teithiau'r gofod. Yno, roedd pawb yn cael eu rhoi mewn grwpiau arbennig ar gyfer gwneud tasgau yfory. Ces i fy rhoi yn y grŵp gwyn. Mae'n rhaid i bob grŵp geisio adeiladu roced yfory – y roced fydd yn gallu teithio bellaf fydd yn ennill y gystadleuaeth.

## Dydd 5

Rydw i wedi blino'n lân! Dydw i ddim wedi gweithio mor galed erioed! Roedd rhaid i ni gynllunio roced fach a dewis pa rannau oedd eu hangen arnon ni. Roedd darnau o'r roced yn ddrud iawn; roedd un darn wedi costio $6,000,000! Yn y nos, roedd yn rhaid i bob grŵp wneud cyflwyniad am eu roced, ac yna roedd y prawf! Gweld pa roced oedd yn medru teithio bellaf. Roced y grŵp coch aeth bellaf am ei bod hi'n ysgafn iawn. Serch hyn, ein roced ni aeth uchaf i'r awyr, felly roedd ein grŵp ni'n falch iawn!

## Dydd 6

Rydyn ni'n mynd adref heddiw. Er fy mod i eisiau gweld fy nheulu rydw i hefyd eisiau dod nôl i NASA. Un diwrnod, rydw i eisiau mynd i'r gofod go iawn!

**DARLLEN**

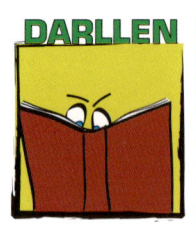

Cysylltwch y rhannau i wneud brawddegau.

| | |
|---|---|
| Ces i ginio gyda rhai o'r gofodwyr | am ei bod hi'n roced ysgafn iawn. |
| Yn yr adeilad yma | roedd un darn wedi costio $6,000,000! |
| Cawson ni weld rhannau o'r Ganolfan | does neb arall yn cael eu gweld fel arfer. |
| Dydw i ddim | felly roedd ein grŵp ni'n falch iawn! |
| Roedd darnau o'r roced yn ddrud iawn; | yna mynd o amgylch Canolfan Ofod Kennedy. |
| Roced y grŵp coch aeth bellaf | wedi gweithio mor galed erioed! |
| Serch hynny, ein roced ni aeth uchaf i'r awyr | rydw i hefyd eisiau dod nôl i NASA. |
| Er fy mod i eisiau gweld fy nheulu | mae'r faner Americanaidd fwyaf yn y byd. |

**LLAFAR**

Atebwch y cwestiynau yma yn eich grwpiau:

1. Gyda phwy gafodd Mererid ginio ar ddiwrnod cyntaf ei gwyliau?

2. Beth welodd Mererid yn yr amgueddfa?

3. Beth ddigwyddodd ar y "diwrnod gorau erioed"?

4. Dywedwch yn fanwl beth oedd tasg pob grŵp.

5. Pa grŵp enillodd? Pam?

6. Fyddech chi'n hoffi ymweld â NASA? Pam?

t. 3-7

Darllenwch y gerdd hon am y Llong Ofod.

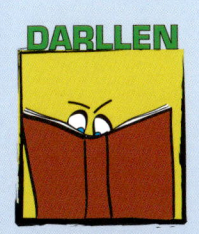

### Y Llong Ofod

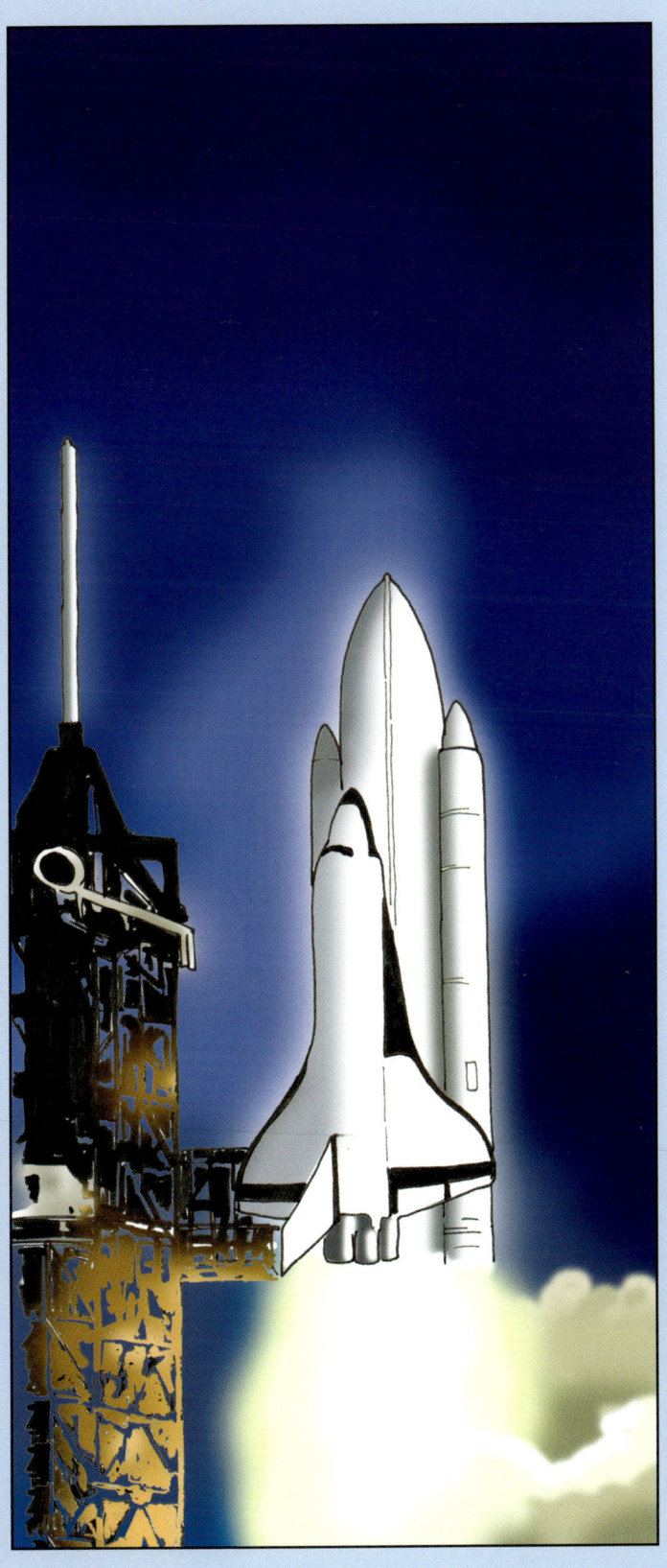

Cyfri yn nerfus yn NASA
10 – 9 – 8 – 7 …
Gofodwyr yn barod,
6 – 5 – 4 …
Y sêr yn eu disgwyl,
3 – 2 – 1 …
Fflamau o dân yn ffrwydro,
Roced yn codi fel aderyn i'r awyr.
Yna, dim.

Tywyllwch.
Du fel glo.
Mae NASA'n bell nawr.
Byd diarth sy'n dechrau dod yn fyw.
Y sêr pell nawr yn agos.

NASA'n aros.
Aros i'r gofodwyr gyrraedd –
I sôn am gyfrinachau'r gofod.

**LLAFAR**

1. Pam maen nhw'n "nerfus yn NASA"?

2. Pam mae rhifau yn y gerdd?

3. Beth sy'n digwydd pan fydd y fflamau o dân yn ffrwydro?

4. Ydych chi'n hoffi'r llinell:
   "roced yn codi fel aderyn i'r awyr"? Pam?

5. Yn yr ail bennill, mae'r roced yn y gofod.

   Sut fyddech chi'n teimlo yno?

6. Ydych chi'n hoffi'r pennill olaf? Pam?

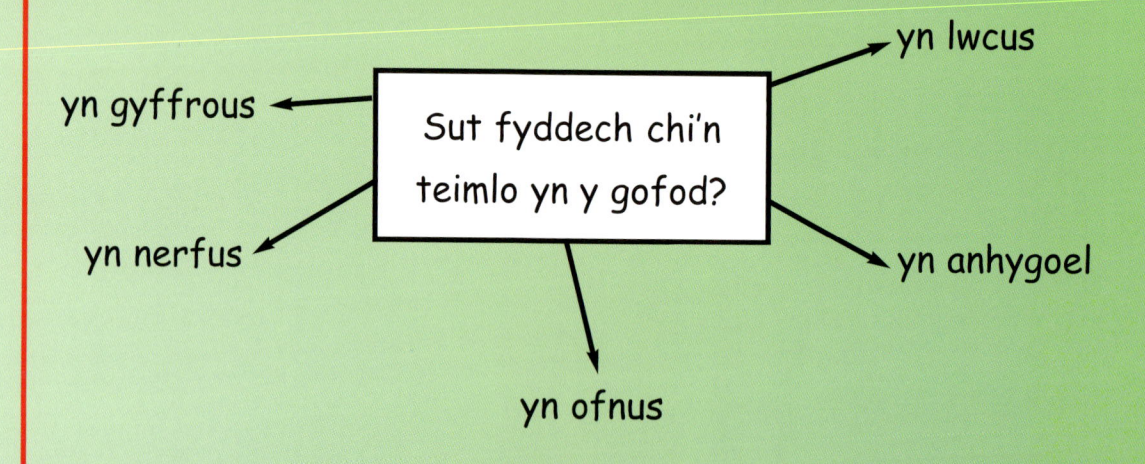

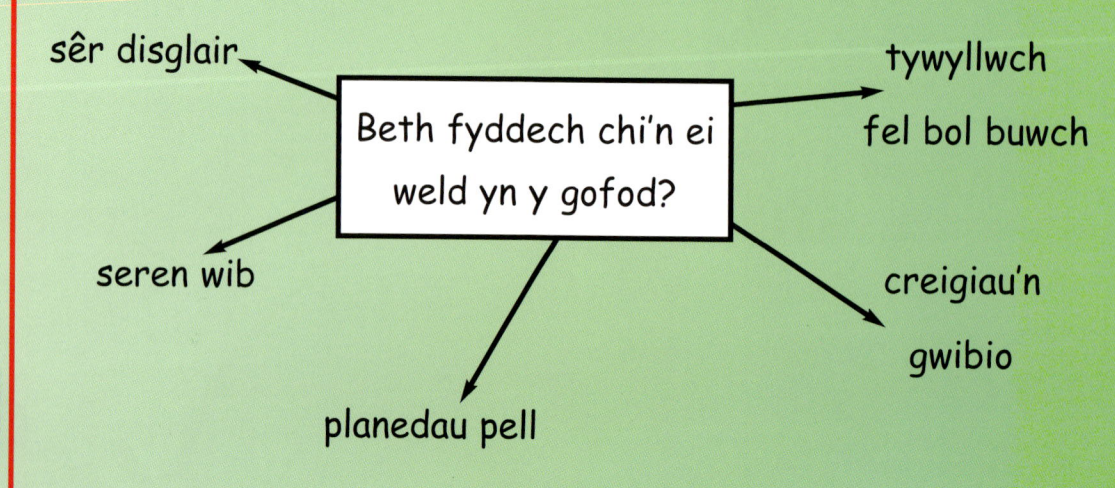

**Sut fyddech chi'n teimlo yn y gofod?**
- yn lwcus
- yn gyffrous
- yn nerfus
- yn anhygoel
- yn ofnus

**Beth fyddech chi'n ei weld yn y gofod?**
- sêr disglair
- tywyllwch fel bol buwch
- seren wib
- creigiau'n gwibio
- planedau pell

t. 8-9

**YSGRIFENNU**

Bydd angen i chi weithio gyda phartner.

Rydych chi'n ofodwr ar y llong ofod.

Rydych chi'n cael 30 eiliad i siarad â rhywun ar y radio lloeren.

Maen nhw eisiau gwybod beth ydych chi'n gallu ei weld.

Ysgrifennwch sgwrs, gyda'ch partner, sy'n para 30 eiliad yn union.

**Cofiwch:**

| Partner 1 | Partner 2 |
|---|---|
| • Holi cwestiynau i'r gofodwr. | • Rhoi atebion manwl. |
| • Beth mae'n gallu ei weld? | • Disgrifio beth ydych chi'n gallu ei weld a'i glywed yn fyw. |
| • Beth mae'n gallu ei glywed? | • Sut fath o brofiad ydy bod yn y gofod? |
| • Sut mae'n teimlo? | |

Ydych chi'n cofio?

Wyt ti'n ofnus? → Ydw / Nac ydw

Oes eisiau bwyd arnat ti? → Oes / Nac oes

Ydy popeth yn iawn? → Ydy / Nac ydy

t. 10

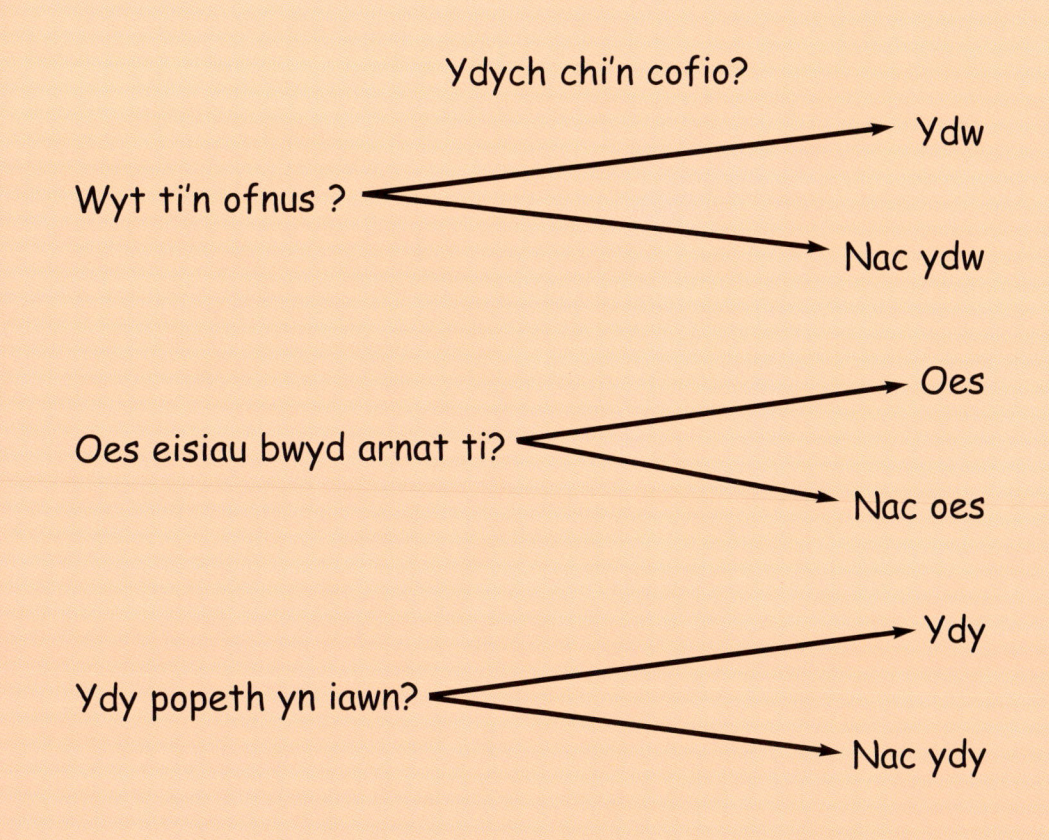

UNED 9 • Y GOFOD

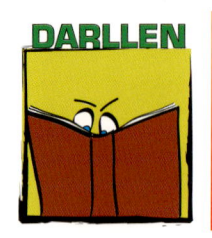

**DARLLEN**

Mae gwyddonwyr o NASA yn cynllunio ar gyfer anfon pobl i blaned Mawrth.

Darllenwch yr erthygl yma am y blaned hon.

### Planed Mawrth

Fyddech chi'n hoffi mynd ar eich gwyliau i le sydd dros 100 miliwn milltir i ffwrdd? Efallai, rhyw ddiwrnod, y cewch chi gyfle i deithio i'r blaned goch, sef planed Mawrth. Enw'r Groegiaid ar y blaned hon oedd "y seren danllyd" achos dyma'r peth mwyaf llachar y gallwch chi ei weld o'r ddaear.

Fyddech chi'n hoffi mynd yno? Byddai'n cymryd tua blwyddyn gyfan i long ofod gyrraedd planed Mawrth. Yn ystod mis Awst 2003 roedd planed Mawrth tua 35 miliwn milltir i ffwrdd o'r ddaear; yr agosaf iddi fod at y ddaear ers tua 50,000 o flynyddoedd. Byddai'n costio'n ddrud iawn i fynd yno ar wyliau; byddai'n costio cannoedd o filiynau o bunnoedd i anfon pobl i blaned Mawrth. Mae rhai llongau gofod wedi ceisio cyrraedd yno'n barod – ond heb lwc. Mae Unol Daleithiau America eisiau anfon pobl i blaned Mawrth erbyn y flwyddyn 2030. Efallai y cewch chi gyfle i fynd!

Beth fydd yno ar ôl i chi gyrraedd? Mae rhai'n credu bod pobl wedi byw ar y blaned – efallai eu bod nhw yno o hyd! Mae 687 o ddiwrnodau mewn blwyddyn ar blaned Mawrth, ac yn ystod y gaeaf mae'n ofnadwy o oer yno. Mae'r tymheredd yn gallu cyrraedd 133°C o dan bwynt rhewi. Felly, cofiwch fynd â digon o ddillad cynnes!

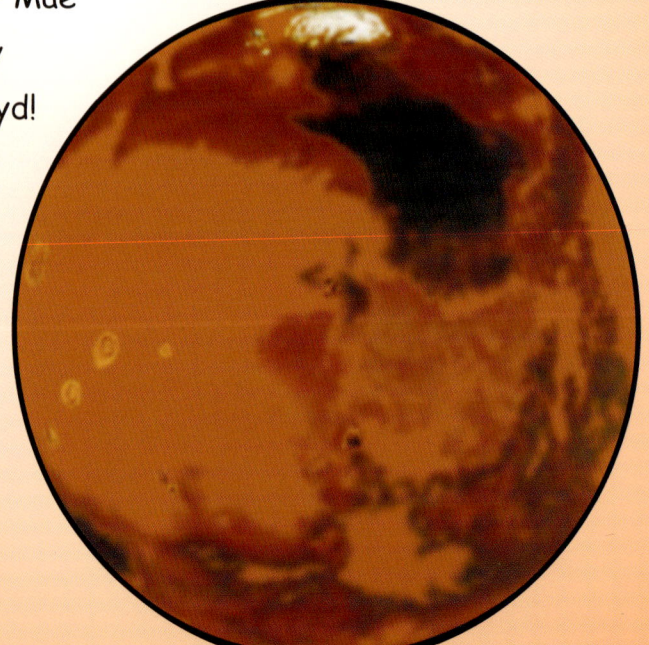

**YSGRIFENNU**

Darllenwch yr erthygl yn ofalus eto.

Nawr, ceisiwch lenwi'r ffeithffeil yma am blaned Mawrth

### Ffeithffeil

| | |
|---|---|
| Enw'r blaned | |
| Enwau eraill ar y blaned | |
| Pellter o'r ddaear yn Awst 2003 | |
| Amser mae'n ei gymryd i gyrraedd yno | |
| Faint mae'n gostio i fynd yno | |
| Cynlluniau UDA | |
| Hyd y flwyddyn | |
| Tywydd | |

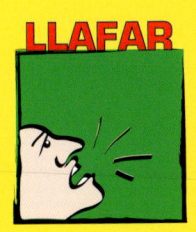

**LLAFAR**

- Hoffech chi fynd i blaned Mawrth?
- Pam?
- Meddyliwch am resymau o blaid ac yn erbyn mynd yno.

| **O blaid** mynd yno | **Yn erbyn** mynd yno |
|---|---|
| | |
| | |

UNED 9 • Y GOFOD

# Uned 10 – HELA'R TWRCH TRWYTH

Yn yr uned hon byddwch chi'n:

- mwynhau chwedl
- creu disgrifiad
- creu sylwebaeth

- defnyddio cymariaethau
- defnyddio 'gyda' yn gywir
- defnyddio'r negyddol yn gywir

Yn ystod yr uned hon byddwch chi'n dod ar draws y geiriau hyn. Gallwch ddefnyddio'r rhestr hon fel geiriadur yn ystod yr uned.

blonegog – yn dew
brwydro – yn cael brwydr
carlamu – mynd yn gyflym iawn
cefnder – perthynas, *cousin*
crib – rhywbeth i gribo gwallt, *comb*
dolur – cael niwed, *hurt*
ffyrnig – cas iawn, *vicious*
gwartheg – mwy nag un fuwch
gwibio – mynd yn gyflym iawn
hen elyn – gelyn ydy rhywun sydd yn eich herbyn, *enemy*
Iwerddon – gwlad sy'n ynys fawr, drws nesaf i Gymru, *Ireland*

miniog – pigog iawn, *sharp*
pwt – byr iawn
rhasal – rydych chi'n eillio gyda rhasal, *razor*
stryffaglio – cael trafferth
twlcio – taro gyda'r pen
yn benderfynol – yn bendant eisiau gwneud, *determined*
yn rhyfeddol – yn anhygoel, *amazing*
ysgithrau – pethau sy'n gallu tyfu o ben anifail, *tusks*

# Hela'r Twrch Trwyth

Roedd y Brenin Arthur yn gefnder i Culhwch. Roedd eisiau help ar Culhwch. Roedd Culhwch wedi syrthio mewn cariad gyda merch brydferth iawn o'r enw Olwen. Roedd tad creulon iawn gan Olwen. CAWR oedd tad Olwen. Ei enw oedd Ysbaddaden Bencawr. Doedd e ddim eisiau i Olwen briodi Culhwch. Roedd Ysbaddaden Bencawr wedi dweud bod Culhwch yn cael priodi Olwen. Ond roedd rhaid i Culhwch wneud llawer o dasgau anodd yn gyntaf. Un dasg oedd cael gafael ar siswrn, crib a rhasal arbennig oedd rhwng clustiau anifail ffyrnig o'r enw'r Twrch Trwyth! Dyna pam roedd angen help ar Culhwch. A dyna pam roedd y Brenin Arthur wedi mynd i Iwerddon. Roedd y Brenin Arthur yn Iwerddon er mwyn hela'r Twrch Trwyth!

Doedd pobl Iwerddon ddim yn hoffi'r Twrch Trwyth. Roedd e'n fochyn mawr creulon oedd yn gwneud pethau ofnadwy yn Iwerddon. Roedd e'n lladd gwartheg a defaid. Roedd e'n lladd pobl hefyd. Ond, doedd dim ofn ar y Brenin Arthur. Roedd e a'i filwyr yn ddewr iawn.

Aeth Arthur i gartref y Twrch Trwyth yn Esgair Oerfel. Roedd y Twrch Trwyth yn byw yno gyda'i saith mochyn bach. Gwelodd Arthur y Twrch Trwyth am y tro cyntaf a chafodd sioc fawr. Roedd gan y Twrch Trwyth drwyn hir ac ysgithrau hir, gwyn. Roedd Arthur hefyd wedi gweld rhywbeth arbennig iawn. Ar gefn gwddf y Twrch Trwyth roedd y siswrn a'r grib a'r rhasal. Dyna beth oedd eu hangen ar Culhwch er mwyn priodi Olwen! Roedd yn rhaid iddo eu cael.

Cafodd Arthur syniad. Penderfynodd anfon y cŵn hela i ymosod ar y Twrch Trwyth. Dyma'r cŵn a'r dynion hela yn hela'r Twrch Trwyth yn brysur drwy'r dydd yn y goedwig. Ar ddiwedd y dydd, roedd llawer o'r cŵn wedi eu lladd ac roedd llawer o'r dynion wedi cael dolur. Ond doedd neb wedi dal y Twrch Trwyth.

Cafodd Arthur syniad arall. Y diwrnod wedyn dyma Arthur yn anfon ei filwyr i'r goedwig i hela'r Twrch Trwyth. Roedd Arthur yn meddwl y byddai ei filwyr yn dal y Twrch Trwyth yn hawdd. Roedd y milwyr a'u ceffylau wedi blino'n llwyr, a llawer o'r milwyr wedi cael dolur. Ond doedd neb wedi dal y Twrch Trwyth.

Cafodd Arthur syniad arall. Dim ond un peth oedd i'w wneud. Roedd Arthur yn mynd i ddal y Twrch Trwyth ei hun! Dyma Arthur yn ymosod ar y Twrch Trwyth ac yn ymladd brwydr ofnadwy. Roedd y Twrch Trwyth a'r saith mochyn bach yn ymladd yn ffyrnig yn erbyn Arthur. Roedd y wlad i gyd yn crynu oherwydd y frwydr! Roedden nhw'n brwydro am naw diwrnod. Ar y nawfed noson, roedd pawb wedi rhoi'r gorau i ymladd am eu bod nhw wedi blino cymaint. Dyma Arthur yn anfon dyn o'r enw Gwrhyr i siarad gyda'r Twrch Trwyth. Roedd Gwrhyr yn ddyn arbennig iawn. Roedd e'n gallu siarad gydag anifeiliaid. Dyma Gwrhyr yn ceisio codi ofn ar y Twrch Trwyth drwy ddweud y byddai Arthur yn ei ladd. Doedd y Twrch Trwyth ddim am wrando. Roedd e eisiau i Arthur adael llonydd iddo ef a'r moch bach. Roedd y Twrch Trwyth wedi penderfynu ei fod yn mynd i nofio o Iwerddon draw i Brydain er mwyn codi ofn ar bawb yno.

Aeth Gwrhyr ar unwaith i ddweud wrth Arthur. Roedd y Twrch Trwyth a'r moch bach wedi cyrraedd Sir Benfro cyn Arthur a'i filwyr. Roedd y Twrch Trwyth mewn hwyliau drwg iawn a lladdodd lawer o wartheg, defaid a phobl. Chwiliodd Arthur ym mhob man yn Sir Benfro am y Twrch Trwyth. Doedd e ddim yn gallu ei ddal o gwbl. Roedd y Twrch Trwyth yn llwyddo i ddianc bob tro! Roedd y Twrch Trwyth a'r moch bach wedi lladd nifer fawr o filwyr Arthur erbyn hyn, ac roedd Arthur yn flin iawn.

O'r diwedd, daeth y Twrch Trwyth a'r Brenin Arthur wyneb yn wyneb â'i gilydd. Am frwydr! Roedd y Twrch wedi gwylltio'n lân ac roedd Arthur yn benderfynol o gael y siswrn a'r grib a'r rhasal ar gyfer Culhwch, ei gefnder. Roedd gwaed ym mhob man. Llwyddodd y Twrch Trwyth i ddianc oddi wrth Arthur a chyrraedd afon Hafren. Roedd milwyr Arthur yn dal yn dynn wrth draed y Twrch er mwyn ei stopio rhag nofio i ffwrdd. Wedi llawer o stryffaglio dyma un o filwyr Arthur yn llwyddo i gael gafael ar y rhasal. Ond roedd y Twrch Trwyth ar ddianc! Dyma milwr arall yn carlamu i'r afon a chael gafael ar y siswrn! Dim ond y grib oedd ar ôl! Roedd Arthur ar dân eisiau'r grib! Ond roedd hi'n rhy hwyr. Roedd y Twrch Trwyth wrthi'n nofio i ffwrdd. Doedd Arthur ddim yn gallu helpu Culhwch. Roedd y siswrn a'r rhasal gydag Arthur. Doedd y grib ddim gydag e. Doedd e ddim wedi llwyddo.

Ond roedd Arthur yn ddyn penderfynol iawn. Roedd y Twrch Trwyth yn nofio i ffwrdd ac roedd y Brenin Arthur yn ei ddilyn! Wedi sawl diwrnod, dyma Arthur yn llwyddo i ddod yn agos at y Twrch. Wnaeth Arthur lwyddo i ladd y mochyn creulon? Naddo, ond fe lwyddodd i gipio'r grib oddi ar ben y Twrch Trwyth.

A beth ddigwyddodd i'r Twrch Trwyth? Does neb yn gwybod. Ond mae e'n dal yn fyw. Yn rhywle.

**LLAFAR**

Gyda'ch partner, trafodwch beth ddigwyddodd yn y stori hon.

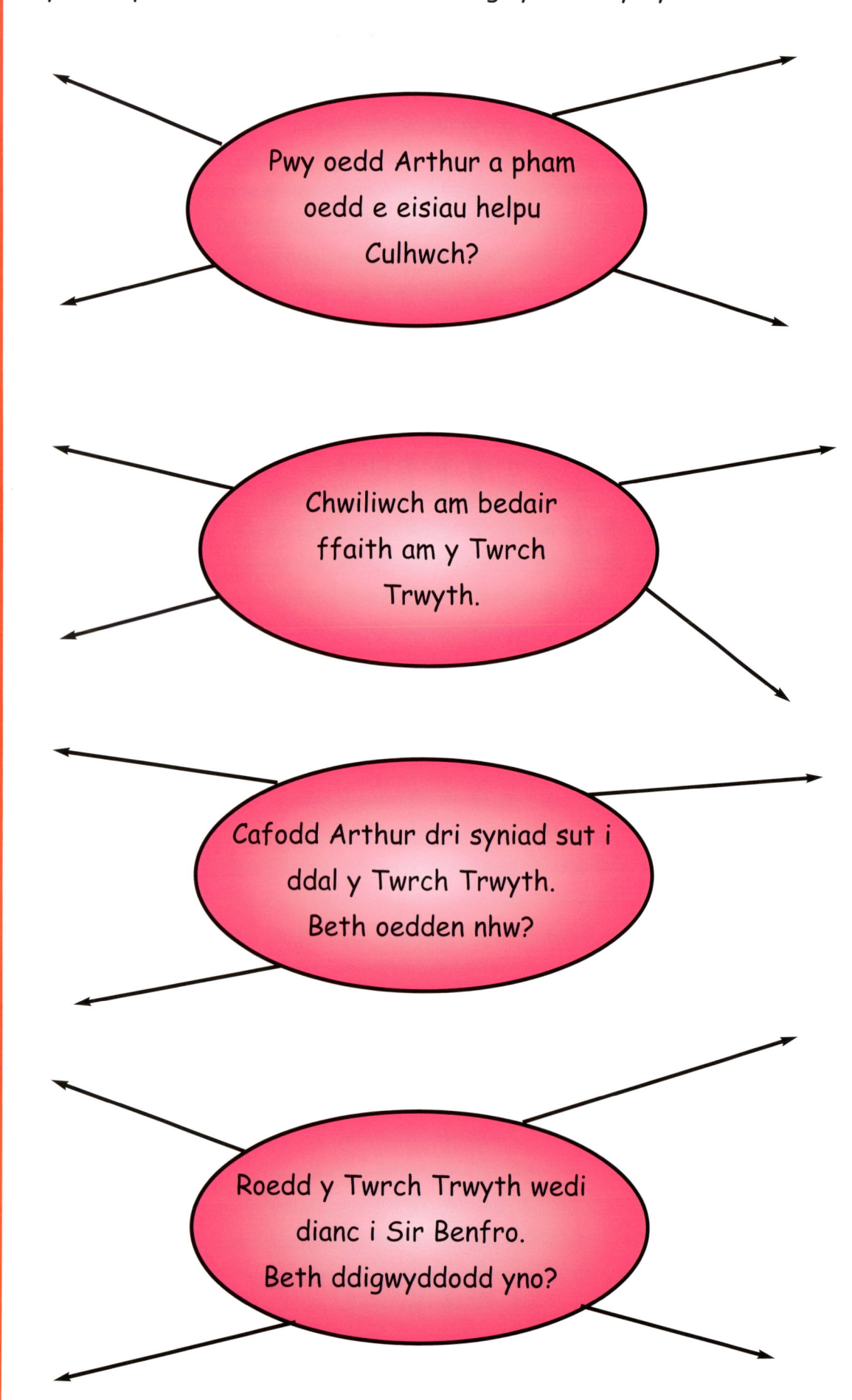

- Pwy oedd Arthur a pham oedd e eisiau helpu Culhwch?

- Chwiliwch am bedair ffaith am y Twrch Trwyth.

- Cafodd Arthur dri syniad sut i ddal y Twrch Trwyth. Beth oedden nhw?

- Roedd y Twrch Trwyth wedi dianc i Sir Benfro. Beth ddigwyddodd yno?

**YSGRIFENNU**

Sut oedd y Twrch Trwyth yn edrych?
Oedd e'n anifail caredig neu beidio?

Tynnwch lun o'r Twrch Trwyth.
Labelwch y ffordd y mae'n edrych.

| Llygaid | Ysgithrau |
|---|---|
| bach | pigog |
| creulon | miniog |
| ffyrnig | peryglus |

| Trwyn | Corff |
|---|---|
| blaen gwastad | tew |
| sy'n rhochio | crwn |
| sy'n arogli pob dim | boliog |

| Cynffon | Croen |
|---|---|
| pwt | budr |
| cyrliog | blonegog |
| gwirion | fel tonnau |

| Tymer | Rhasal, crib a'r siswrn |
|---|---|
| hwyliau drwg | yn disgleirio ar gefn ei wddf |
| yn flin fel tincar | yn rhyfeddol |
| yn ffyrnig | yn anodd eu cael |

t. 2-8

Wedi i chi labelu'r Twrch Trwyth, ewch ati i ysgrifennu paragraff byr amdano.

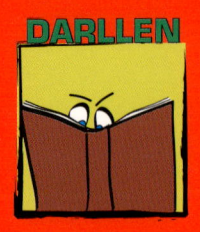

Gwrandewch ar eich athro'n darllen y darn hwn.
Beth sydd yn digwydd yn y darn?

> Croeso i chi yma i Stadiwm y Mileniwm i gêm gyffrous iawn. Heno, bydd y ddau hen elyn yn cwrdd unwaith eto, a Chymru a Lloegr yn brwydro i ennill Cwpan Pencampwriaeth Rygbi'r Byd. Mae'r awyrgylch yn anhygoel, gyda'r lle'n llawn dop. Mae'r dyfarnwr yn chwythu'i chwiban, ac mae'r gêm ar droed. Dyma'r bêl ym meddiant tîm Cymru, ac mae Jones yn gwibio i lawr yr asgell, heibio i Evans. Mae e'n rhedeg fel y gwynt at y llinell. Tacl dda gan Loegr, ond mae'n rhy hwyr! Mae Evans wedi sgorio cais ac mae Cymru ar y blaen!

Rydyn ni'n galw darn fel hwn yn SYLWEBAETH.

Darllenwch y darn eto ar eich pen eich hun.
Edrychwch ar y geiriau sydd wedi eu tanlinellu.

Maen nhw'n eiriau y gallwch chi eu defnyddio mewn <u>unrhyw fath</u> o sylwebaeth.

> <u>Croeso i chi yma</u> i Stadiwm y Mileniwm i gêm gyffrous iawn. Heno, <u>bydd y ddau hen elyn yn cwrdd</u> unwaith eto, a Chymru a Lloegr <u>yn brwydro</u> i ennill Cwpan Pencampwriaeth Rygbi'r Byd. <u>Mae'r awyrgylch yn anhygoel, gyda'r lle'n llawn dop.</u> Mae'r Dyfarnwr yn chwythu'i chwiban, ac <u>mae'r gêm ar droed.</u> <u>Dyma'r bêl ym meddiant</u> tîm Cymru, ac mae Jones <u>yn gwibio</u> i lawr yr asgell, <u>heibio</u> i Evans. Mae e'n <u>rhedeg fel y gwynt</u> at y llinell. <u>Tacl dda</u> gan Loegr, ond mae'n rhy hwyr! Mae Evans <u>wedi sgorio</u> cais ac mae Cymru <u>ar y blaen</u>!

**YSGRIFENNU**

t. 9

Mae'r Twrch Trwyth a'r Brenin Arthur yn cael sawl brwydr ffyrnig wrth i Arthur geisio dwyn y grib, y siswrn a'r rhasal oddi ar y Twrch Trwyth.

Mae eisiau i chi ysgrifennu SYLWEBAETH ar un o'r brwydrau rhyngddyn nhw.

Mae'r frwydr yn digwydd **o flaen eich llygaid**, felly byddwch chi'n dechrau y rhan fwyaf o frawddegau gyda 'Mae',
    e.e. Mae'r Twrch Trwyth yn ffyrnig iawn nawr.

Gallwch ddechrau'r sylwebaeth fel hyn efallai:

> Croeso i chi yma i Esgair Oerfel. Mae brwydr ffyrnig ar droed wrth i'r Brenin Arthur geisio cipio'r grib, a'r siswrn a'r rhasal oddi ar y Twrch Trwyth. Mae gan Arthur lawer iawn o filwyr, ond heno mae e wedi penderfynu mai ef ei hun fydd yn ymladd yn erbyn y mochyn creulon. Pwy fydd yn ennill y dydd? Does neb erioed o'r blaen wedi ennill brwydr yn erbyn y Twrch Trwyth, felly mae'n siwr y gall y frwydr fod yn un waedlyd iawn.
> A dyma nhw'n cyrraedd ac yn edrych yn gas ar ei gilydd …

Beth am ddefnyddio geiriau fel hyn yn y sylwebaeth?

| | |
|---|---|
| mae e wedi ymosod | dydy e heb lwyddo |
| mae'n taro ergyd, ond … | mae'n osgoi'r ergyd |
| mae'n saethu gwaywffon ato | mae'n gwibio at … |
| mae e wedi bwrw'r targed | mae'r ddau'n ymladd yn wyllt |
| mae e wedi colli'r cyfle | dydy hi ddim ar ben eto |

UNED 10 • HELA'R TWRCH TRWYTH

**LLAFAR**

Mae eisiau i chi ddweud eich sylwebaeth ar y frwydr wrth weddill y dosbarth.

Sut ydych chi'n mynd i'w dweud?

Mae eisiau i chi ddilyn sawl cam er mwyn ymarfer.

**Cam 1**
Mae eisiau i chi ddarllen y sylwebaeth i chi eich hun.
Oes rhai geiriau anodd yno?
Mae eisiau i chi ddweud y rhain yn uchel.

**Cam 2**
Mae eisiau i chi ddweud y sylwebaeth i gyd yn uchel.
Dywedwch y sylwebaeth yn uchel o leiaf ddwy waith.
Ydych chi'n siwr eich bod chi'n dweud pob gair yn iawn?

**Cam 3**
Cofiwch eich bod chi'n esgus gwylio brwydr.
Ydych chi'n swnio'n ddigon cyffrous wrth ddweud y sylwebaeth?
Pa eiriau neu frawddegau y mae eisiau i chi eu dweud yn gyffrous?
Tanlinellwch y geiriau hyn er mwyn cofio newid eich llais wrth i chi eu dweud.

**Cam 4**
Mae eisiau i chi ddweud y sylwebaeth wrth ffrind.
Mae eisiau i chi wrando ar eich gilydd.
Beth ydy barn eich ffrind?
Oes eisiau i chi newid rhywbeth cyn dweud y sylwebaeth o flaen y dosbarth?

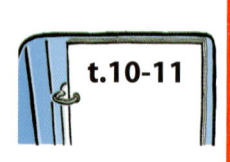

t.10-11